図解と書式でやさしくわかる！

改訂3版

労災保険の
実務と手続き最強ガイド

HRプラス社会保険労務士法人
社会保険労務士

太田 麻衣

アニモ出版

はじめに

　「労働災害（労災）」という言葉に、どのようなイメージを抱かれるでしょうか。経営者や人事担当者としては、できる限り関わりたくないものであることは間違いないでしょう。業種によっては、「うちの会社はデスクワークだから労災の心配はない」と思われる方もいるかもしれません。

　たしかに、「労働災害」と聞くと一般的には、工場で機械に巻き込まれて負傷する、作業現場で高所から落下して負傷するといったケースが想起されます。しかし、近年の動向として注目すべきは、脳・心臓疾患や精神障害に対する労災認定が増加傾向にあることです。労働災害はどのような業種でも発生しうるものであり、労働者を1人でも雇用する以上、無関係でいることはできないのです。

　労災保険には、大きく2つの役割があります。
　1つめは、**労働基準法による災害補償の代行**です。労働基準法には事業主の「災害補償」が定められており、仕事が原因で労働者がケガをしたり、病気になったり、休業した場合には、治療に必要な費用や働けない間の賃金などを補償することとされています。しかし、事業主に十分な蓄えがなければ、労働者に必要な補償が行なわれないことになります。そこで、災害補償責任を確実に履行させるために、保険という形で制度化したのが、労災保険なのです。
　2つめは、**社会保障**としての役割です。労働基準法に定める災害補償は、あくまでも「仕事中」の災害（業務災害）のみを対象としており、通勤中の災害については、事業主は補償責任を負いません。そこで労災保険においては、通勤中の災害についても業務災害とほぼ同じ内容の給付を受けることができるようになっています。そのほか、被災労働者の社会復帰の促進や遺族の援護等を図る社会復帰等促進事業も労災保険が担っています。

　労災として認定されるかを判断するのは、あくまでも労働基準監督署

です。しかし、その認定には時間を要することが多く、ケガや病気で働けなくなった労働者が生活に困ることがないように、事業主としてはできる限り迅速な対応が求められます。万が一、業務災害や通勤災害が発生し、労災保険給付の手続きをすぐに行なわなくてはならない場合には、ぜひ本書を活用して手続きを行なっていただきたいと思います。

　本書は、手続きに緊急を要する場合でも、すぐに内容を理解して給付申請ができるよう、次のような視点で執筆しました。

□ 図表を多く用い、ビジュアルで理解が深まるよう工夫しました。

□ 実際に使用する様式を用い、それぞれに記載例を掲載しました。

□ 難解な法律を丁寧かつ平易な言葉で説明しました。

　2018年に働き方改革関連法が成立し、個々の事情に応じた多様な働き方が広まるなか、労災保険法においても特別加入の対象拡大や兼業・副業への対応などの改正が加えられてきました。そのほかにも、業務による強い心理的負荷の具体例として「カスタマーハラスメント」が追加されるなど、労災保険法の改正は世相を強く反映しているといえます。

　なお、本書は2015年に初版を発刊し、おかげさまで好評いただいておりましたが、これらの法改正や様式の改定を織り込んで、改訂３版として発刊するものです。初版および改訂２版と同様に、ご愛顧いただければ幸いです。

　最後に、本書の発刊にあたりご尽力くださいましたアニモ出版の小林良彦様、本書を監修いただき、アドバイスをくださった弊所代表社員の佐藤広一先生にこの場を借りてお礼申し上げます。

　本書を"転ばぬ先の杖"としてお手元に置いていただき、もしものときにお役立ていただけたら、これに勝る喜びはありません。

2024年３月吉日　　　　　　　　　　HRプラス社会保険労務士法人

　　　　　　　　　　　　　　　　　社会保険労務士　太田　麻衣

本書の内容は、2024年３月20日現在の法令等にもとづいています。

CONTENTS

PART2

安心して手続きできる！

届出書・申請書の間違いのない書き方

PART3
こんなときの取扱いは？

労災認定の可否をめぐる事例集

CONTENTS

カバーデザイン◎水野敬一
本文ＤＴＰ＆図版◎伊藤加寿美（一企画）

PART 1

意外に知らない!?
··

労災保険の基礎知識と
実務ポイント

1-1 労働者災害補償保険法とは

☑ 業務災害に対する補償としての保険

労働者災害補償保険法（**労災保険法**）は、業務中（**業務災害**）や通勤途上（**通勤災害**）における労働者の負傷、疾病、障害、死亡等に対して、迅速かつ公正な保護をするために必要な保険給付を行なうものです。

そもそも、労働者が業務災害を被ったときは、労働基準法上、会社はその災害補償を行なわなくてはなりませんが、もし会社に補償能力がなければ、労働者は十分な補償を受けられないことになってしまいます。

一方、会社にとっても業務災害が発生した場合には、重い補償責任を担わなければなりません。そこで、労働基準法上の災害補償を「保険」という形で制度化したのが、労災保険法です。

なお、労災保険では、被災労働者の社会復帰の促進や遺族の援護等を図る社会復帰促進等事業も行なっています。

☑ 労災保険法と労働安全衛生法

会社は、労働者を雇い入れたら、労働者が労働災害を被ることがないよう、労働者の安全と健康を確保する責任が発生します。

労働安全衛生法においても、危害防止基準の確立や責任体制の明確化および自主的活動の促進の措置を講ずるなど、労働災害の防止に関する総合的・計画的な対策を推進することにより、職場における労働者の安全と健康を確保するよう求めています。

また、労働者にも、労働災害を防止するために必要なルールを守ること、会社が実施する労災防止に関する措置に協力する努力義務があります。

◎労災保険法と労働安全衛生法の役目とは◎

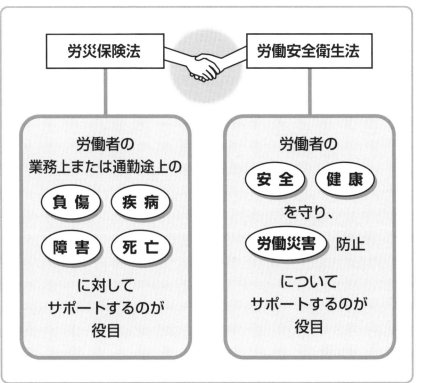

がポイント！

- 労災保険法は、労働者を保護するためにつくられたものである

- 労災保険では、労働者の業務上または通勤途上の負傷、疾病、障害、死亡に対して保険給付が行なわれる（健康保険と異なり、出産については給付されない）

- 会社は、労働災害防止の義務を負い、労働者は労災が起きないように決められたルールを守る必要がる

労災保険の被保険者になるのは誰？

労災保険には、「被保険者」という概念はありません。これは、同じ公的な保険制度でも、健康保険、厚生年金保険、雇用保険などと労災保険が大きく異なる点といえます。

✓ なぜ労災保険には被保険者が存在しないのか

実務上、健康保険、厚生年金保険、雇用保険、介護保険では、被保険者が登場します。社会保険制度のなかで、被保険者が登場しないのは労災保険だけです。

労災保険では、労働者の入社・退社があったとしても、そのつど、労働基準監督署やハローワーク、年金事務所に対して、被保険者としての資格の取得または喪失の手続きをする必要がありません。健康保険、厚生年金保険、雇用保険など他の保険制度とは、実務のうえでも大きく異なっているわけです。

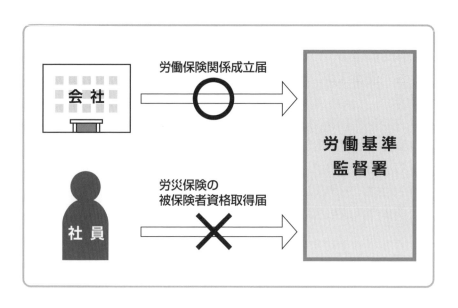

では、なぜ、被保険者という概念が存在しないのかというと、**労働者を1人でも使用する事業は強制適用**であり、そして、労働者個人単位でなく、**すべて「事業所」単位で適用**されるからです。

労働者個々人は被保険者ではありませんが、会社は、労働者を雇い入れたら、各事業所において、原則として労災保険の適用を受けることになるため、その会社で働く労働者は全員、おのずと労災保険に加入していることになるのです。

会社が労働者を正社員、パートタイマーを問わずたとえ1人でも雇っていれば、労災保険の適業事業所にあたります（**強制適用**）。

たとえば、会社が労災保険の加入手続きをしていない場合に、その会社に勤務する労働者が仮に労働災害にあったとしても、法律上は、その労働者に労災保険が適用されます。

単に、その会社の加入手続きがモレていただけであり、労災保険の適用事業所には変わりがないと考えるためです。労働者が泣き寝入りすることはないので、安心といえます。

なお、会社が保険関係成立届の提出を怠り、労働保険料を納付していない場合は、費用徴収されることになりますから、本社だけでなく支店や営業所などごとに労災保険に加入しているかチェックすることが求められます（1－7項参照）。

がポイント！

- 労災保険には、被保険者という概念がない
- 労災保険の適用は、会社の事業所単位で成立する。本社や支社それぞれで労災保険が適用されるので、労働者の1人ひとりに番号を付けて、管理するというものではない
- 会社の労災保険加入手続きモレが原因で、労働者が労災保険の給付を申請できないということはない

1-3 労災保険には どんな会社も加入するの？

　労災保険には、会社の事業所単位で加入します。また、**労災保険料は全額、会社が負担**することになっています。

☑ 労災保険の適用事業の区分

　労災保険は、原則として事業所単位で適用されるため、事業所ごとに保険関係が成立することになります。

　つまり、1つの会社でも、本社、支店、営業所、工場等に分かれていれば、それぞれが「事業所」として扱われ、それぞれの事業所ごとに保険関係が成立することになります。

　適用事業に該当する会社は、事業の内容によって2つに区分されます。1つは、当然に保険関係が成立する「**強制適用事業**」（**当然適用事業**）であり、もう1つは、保険関係の成立を事業主の意思に委ねている「**暫定任意適用事業**」です。

　暫定任意適用事業においては、保険加入のための特別な手続きが必要になります。

| 強制適用事業 | ── 労働者を1人でも使用する会社
（業種を問わない） |
| 暫定任意適用事業 | ── 個人経営の事業所
（農業、林業、水産業など） |

【強制適用事業＝当然適用事業】

　労災保険では、原則として、労働基準法で規定する労働者を1人でも使用する会社には強制的（当然）に適用されます。

　そのため、次の暫定任意適用事業以外の会社では、労働者を1人でも雇い入れると、強制適用事業（当然適用事業）としての手続き（労働保険関係成立届など）を行なわなければなりません。

【暫定任意適用事業】

　暫定任意適用事業に該当するのは、以下の要件を満たす事業のみです。

①労働者5人未満の個人経営の農業であって、特定の危険または有害な作業を主として行なう事業以外のもの

②労働者を常時は使用することなく、かつ、年間使用延労働者数が300人未満の個人経営の林業

③労働者5人未満の個人経営の畜産、養蚕または水産（総トン数5トン未満の漁船による事業または災害発生のおそれの少ない特定水面等において主として操業するものに限る）の事業

ここがポイント！

- 労災保険は、会社が加入手続きを行なう
- 労働者を守る意味でも労災保険の加入は会社の責任
- 一度、加入したら、廃業しない限り有効
- 労働者を1人でも雇ったら、どんな業種であろうと強制的に適用事業所となり、加入手続きが必要
- 任意適用事業もあるが、実務のうえでは考慮しなくてもよい（農業、林業、水産業が主たる業務の場合は要件を確認すると覚えておけば、問題なし）

1-4 1日アルバイトや派遣労働者の取扱いは？

　労災保険では、1日だけのアルバイトでも労働者に該当します。
　また、派遣労働者については、**派遣元の労働者**として扱われ、派遣先で労働災害にあっても、労災保険の給付は、派遣元が手続きを行ないます。

労災保険が適用になる労働者とは

　労災保険は、前述したように、「労働者」が対象になります。ここでいう労働者とは、労働基準法で定義されている労働者を指し、労働者になるための要件が2つあります。

> ①会社に雇われている者
> ②労働の対償として賃金を支払われる者

　この2つの要件を満たす労働者は、正社員、契約社員など、名称や雇用形態、そして雇用条件についても問われません。
　したがって、正社員だけでなく、アルバイトやパートタイマー、さらには臨時の日雇いアルバイトも当然に労働基準法上の労働者ということになり、労災保険の対象になります。

派遣労働者に関する労災保険のルール

　「労働者派遣事業」とは、派遣元で雇用する労働者を、その雇用関係を維持したまま、派遣先の事業場で働かせ、派遣先の指揮命令を受けながら派遣先のための労働に従事させる事業です。
　ある会社（派遣事業者）に雇用されながら、他の会社（派遣先）での指揮命令を受けて労働する労働者のことを**派遣労働者**といいます。

◎労働者なら労災保険が適用される◎

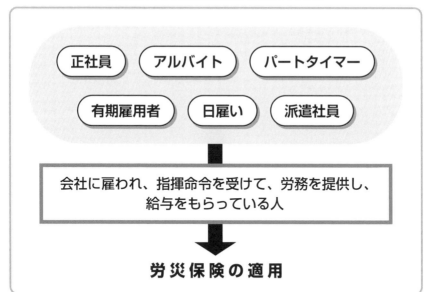

正社員　アルバイト　パートタイマー

有期雇用者　日雇い　派遣社員

会社に雇われ、指揮命令を受けて、労務を提供し、
給与をもらっている人

労災保険の適用

　労働者派遣法では、派遣労働者が被った業務災害の補償責任は派遣元にあるとしています。したがって、派遣先の業務で労働災害にあって負傷した場合は、派遣元の労災保険が適用されることになります。

　なお、労働安全衛生法にもとづく死傷病報告は、派遣先および派遣元の双方に提出義務があります。そこで、まず、派遣先が死傷病報告を作成して所轄の労働基準監督署に提出し、その写しを派遣元に送付します。派遣元は、その写しの内容を踏まえて死傷病報告を作成し、所轄の労働基準監督署に提出する必要があります。

ここがポイント！

● 会社に雇われて、労働の対償として賃金を支払われていれば、たとえ1日のアルバイトでも労働者として労災保険を適用
● 派遣労働者は、派遣元の労災保険が適用される

1-5 不法就労の外国人労働者も労災保険が適用になる？

労災保険では、外国人労働者はもちろんのこと、たとえ不法就労者であっても、前項の労働基準法に定める2つの要件を満たす労働者であれば、原則として労災保険が適用になります。

✓ 国籍や入管法違反は労災保険では関係ない

労災保険では、外国人のように国籍を理由として、労災保険の適用を認めないということはありません。

外国人労働者のなかには、不法滞在者（オーバーステイ）や不法就労者（在留資格以外の職に就く）でありながら、会社に雇われて給料をもらっている労働者もいます。

これらの外国人労働者は、出入国管理法に違反していますが、労災保険の対象となる労働者であることには変わりがないため、労働災害にあったら、労災保険が適用されます。

ここがポイント！

● たとえ外国人労働者でも、会社に雇われ、労働の対償として給料をもらっていれば、日本人と同じく労災保険が適用になる
● 不法滞在者・不法就労者でも労災保険は適用となる

1-6 役員や同居親族は労働者ではない?

「法人の役員」と「同居の親族」は労働基準法上の労働者ではないため、原則として労災保険は適用されません。

✓ 労働者に該当するケースもある

業務執行権がある役員は、労働者ではありません。ただし、業務執行権がなく、他の業務執行権のある役員から指揮命令を受けて労働をして「給料」をもらっている場合には、労働者として取り扱われます。

また、中小企業の経営者と同居している親族は、原則として労働者には該当しません。ただし、他に従業員を雇っていて、その従業員と同じように働いている場合には、労働者とみなされます。

なお、実務では、始業・終業時刻や給与額などが、他の労働者と本当に同一基準で設定されているかどうかを厳しく見られます。

法人の役員も同居の親族も、労働者性を否認されるリスクがあるため、特別加入制度を利用したほうが安心です(1−28項参照)。

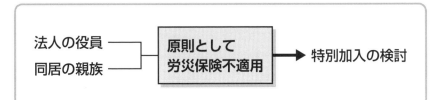

```
法人の役員 ─┐   原則として
            ├─▶ 労災保険不適用 ─▶ 特別加入の検討
同居の親族 ─┘
```

🔍 ここがポイント!

法人の役員や同居の親族は、労働者性を否認されるリスクがあるため、特別加入してリスクをなくす対応をする

1-7 保険料未納の会社には ペナルティがある？

　労災保険法では、労働保険料未納の会社に対して、費用徴収を行なうことができるとされており、重いペナルティがあります。

✓ 事業主が費用徴収されるケースとは

　会社が、労働保険の**一般保険料（労災保険料と雇用保険料）を滞納**していると、労働保険料徴収法にもとづいて会社宛てに督促状が届きます。この督促状に記載された指定期限内に納付をしない期間中に発生した労働災害について保険給付が行なわれた場合には、その保険給付に要した費用の一部が事業主から徴収されます。

　徴収の方法は、督促状の指定期限の翌日から、一般保険料を完納した日の前日までの期間中に生じた事故の保険給付（療養補償給付、療養給付は除く）のうち、労災事故発生の日から一般保険料を完納した日の前日までに給付事由の生じたものについて、労災保険支給のつど、労災保険給付の額に滞納率（上限40％）を乗じて得た価額が徴収金として徴収されます。

　また、**保険関係成立届を提出していない**会社に対しても、費用徴収の対象としています。行政通達では、保険関係成立届の提出について労働基準監督署等から指導を受けていない会社であり、保険関係成立後１年を経過してなお、その提出を行なっていない場合は、重大な過失と判断されます。

　この場合は、保険関係成立届を提出していない期間（認定決定後の期間を除く）中に生じた労災事故に対して、保険給付（療養補償給付、療養給付は除く）が発生した場合、支払いのつど、その額の40％相当額を費用徴収されることになります。

　さらに、**労働基準監督署等から指導を受けた**にも関わらず、保険関係成立届を提出していない会社は、故意に（わざと）保険関係成

◎事業主からの費用徴収が行なわれる労災事故◎

	対象となる事故	徴収金の金額
①	事業主が故意により保険関係成立届を提出していない期間（認定決定後の期間を除く）中に生じた事故	保険給付の支払いのつど、その全額
②	事業主が重大な過失により保険関係成立届を提出していない期間（認定決定後の期間を除く）中に生じた事故	保険給付の支払いのつど、その額の40%相当額
③	事業主が概算保険料のうちの一般保険料を納付しない期間（督促状に指定する期限後の期間に限る）中に生じた事故	事故発生日から一般保険料を完納した日の前日までに支給事由が生じたものにつき、保険給付の支払いのつど、保険給付の額に、滞納率（滞納率が40%を超えるときは40%）を乗じて得た価額
④	事業主が故意または重大な過失により生じさせた業務災害の原因である事故	保険給付の支払いのつど、その額の30%相当額

立届を提出していないと判断され、保険給付（療養補償給付、療養給付は除く）の支払いが生じた費用の全額を支払うという、とても重いペナルティがあります。

ここがポイント！

- 労働保険料を未納すると、督促状の納付指定期限後に生じた労災事故については、保険給付の額に滞納率（上限40%）を乗じて算出された金額をペナルティとして支払う
- 保険関係成立届の未提出については、故意の場合は保険給付額の100%を、重大な過失の場合は40%相当額が事業主負担となる

1-8 労災保険率は業種によって違いがある？

労働保険料の一般保険料のうち労災保険分については、業種により保険料率の設定をしています。業種の危険度に応じて、保険料率に違いがあるわけです。

✓ 労災保険料のしくみ

労災保険の保険料は、雇用保険の保険料と一緒に手続きを行ないます。この2つの保険料を総称して「**一般保険料（労働保険料）**」といっています。

労働保険（労災保険と雇用保険）の保険料は、労働者に支払っている給与と賞与の総額に保険料率をかけて計算します。

このうち労災保険の保険料率は、業種によって決まっています。たとえば、商社のように自社で生産工場をもたないような会社は、メーカーなど工場をもつ製造業に比べて事故の起きる危険性が低いと考えられ、保険料率は低く設定されています。

ちなみに、一番高い労災保険率の業種は、鉱業の「金属鉱業、非金属鉱業（石灰石鉱業又はドロマイド鉱業を除く）又は石炭鉱業」です。また、一番低い労災保険率は、「金融業、保険業又は不動産業」「通信業、放送業、新聞業又は出版業」などです。

ここがポイント！

- 労働保険の一般保険料とは、労災保険料と雇用保険料を総称したものである
- 労災保険料は、業種の危険度に応じて、細かく設定されており、「労災保険率表」で確認できる

◎労働保険料とは◎

労災保険料

労働保険料

雇用保険料

労 災 保 険 率 表

(単位：1/1,000)　　　　　　　　　　　　　　　　　　　　　　　　　(令和6年4月1日施行)

事業の種類の分類	業種番号	事業の種類	労災保険率
林業	02又は03	林業	52
漁業	11	海面漁業(定置網漁業又は海面魚類養殖業を除く。)	18
	12	定置網漁業又は海面魚類養殖業	37
鉱業	21	金属鉱業、非金属鉱業(石灰石鉱業又はドロマイト鉱業を除く。)又は石炭鉱業	88
	23	石灰石鉱業又はドロマイト鉱業	13
	24	原油又は天然ガス鉱業	2.5
	25	採石業	37
	26	その他の鉱業	26
建設事業	31	水力発電施設、ずい道等新設事業	34
	32	道路新設事業	11
	33	舗装工事業	9
	34	鉄道又は軌道新設事業	9
	35	建築事業(既設建築物設備工事業を除く。)	9.5
	38	既設建築物設備工事業	12
	36	機械装置の組立て又は据付けの事業	6
	37	その他の建設事業	15
製造業	41	食料品製造業	5.5
	42	繊維工業又は繊維製品製造業	4
	44	木材又は木製品製造業	13
	45	パルプ又は紙製造業	7
	46	印刷又は製本業	3.5
	47	化学工業	4.5
	48	ガラス又はセメント製造業	6
	66	コンクリート製造業	13
	49	陶磁器製品製造業	17
		その他の窯業又は土石製品製造業	23
	50	金属精錬業(非鉄金属精錬業を除く。)	6.5
	51	非鉄金属精錬業	7
	52	金属材料品製造業(鋳物業を除く。)	5
	53	鋳物業	16
	54	金属製品製造業又は金属加工業(洋食器、刃物、手工具又は一般金物製造業及びめっき業を除く。)	9
	63	洋食器、刃物、手工具又は一般金物製造業(めっき業を除く。)	6.5
	55	めっき業	6.5
		機械器具製造業(電気機械器具製造業、輸送用機械器具製造業、船舶製造又は修理業及び計量器、光学機械、時計等製造業を除く。)	5
	57	電気機械器具製造業	3
	58	輸送用機械器具製造業(船舶製造又は修理業を除く。)	4
	59	船舶製造又は修理業	23
	60	計量器、光学機械、時計等製造業(電気機械器具製造業を除く。)	2.5
	64	貴金属製品、装身具、皮革製品等製造業	3.5
	61	その他の製造業	6
運輸業	71	交通運輸事業	4
	72	貨物取扱事業(港湾貨物取扱事業及び港湾荷役業を除く。)	8.5
	73	港湾貨物取扱事業(港湾荷役業を除く。)	9
	74	港湾荷役業	12
電気、ガス、水道又は熱供給の事業	81	電気、ガス、水道又は熱供給の事業	3
その他の事業	95	農業又は海面漁業以外の漁業	13
	98	清掃、火葬又はと畜の事業	13
	93	ビルメンテナンス業	6
	96	倉庫業、警備業、消毒又は害虫駆除の事業又はゴルフ場の事業	6.5
	97	通信業、放送業、新聞業又は出版業	2.5
	99	卸売業・小売業、飲食店又は宿泊業	3
		金融業、保険業又は不動産業	2.5
	94	その他の各種事業	3
		(船舶所有者の事業)	

厚生労働省のホームページに載っています

雇用保険料率

- 一般事業 ………………………………… **1.55%**
- 農林水産・清酒製造業 …………… **1.75%**
- 建設業 ………………………………… **1.85%**

「業務災害」ってなんだろう？

　「業務災害」とは、業務上の負傷・疾病・障害・死亡のことをいいます。

　仕事が原因でケガをしたり、病気になった場合は、工場作業・現場作業の人だけでなく、事務所で働いている人も労災保険が適用されます。

　ここで「業務上」とは、「仕事が原因であること」を意味します。

　また、「業務上」であるかどうかは、「**業務遂行性**」と「**業務起因性**」があるかどうかがポイントです。

> **業務遂行性**　仕事中に発生したケガ・病気であるかどうか
>
> **業務起因性**　仕事が、ケガ・病気の原因になったかどうか

　具体的に、労災（労働災害）と認められるかどうか、ケース別にみていきましょう。

☑️ 職場で仕事をしている場合

　所定労働時間内や残業時間内に職場で仕事をしているときに起こった災害は、労働者の業務としての行為や職場の施設・設備の管理状況などが原因となって発生するものと考えられるので、原則として労災と認められます。

　しかし、以下のような場合には業務災害とは認められません。

> ①労働者が就業中に私的行為を行なったり、業務を逸脱する恣意的行為をしていて、それが原因となって災害が発生したとき

②労働者が故意に災害を発生させたとき

③労働者が個人的な恨みなどにより、第三者から暴行を受けて
被災したとき

④地震、台風など天災地変によって被災したとき

（ただし、職場の立地条件や作業条件、作業環境などにより、
天災地変に際して災害を被りやすい業務の事情があるときは、
業務災害と認められます）

☑ 昼休みや就業時間前後など、職場内にはいるが仕事をしていない場合

出社して職場にいる限り、労働契約にもとづいて事業主の支配管理下にありますが、上記の場合は実際に仕事をしていないので、行為そのものは私的行為です。私的行為によって発生した災害は業務災害ではありませんが、職場の施設・設備や管理状況などが原因で発生した災害は業務災害と考えられます。

また、トイレなど生理的行為などについては、事業主の支配下にあることに伴うものとして業務に付随する行為として取り扱われ、原則として業務災害と考えられます。

☑ 出張や外出など、職場外で仕事をしている場合

労働契約にもとづき事業主の命令を受けて業務に従事しており、事業主の支配下にあるため、特に否定すべき事情がない限り、業務災害と認められます。

出張経路を離れて観光している間など、積極的な私的行為を行なっている場合には業務災害とは認められないので、注意しましょう。

ここがポイント！

仕事中のケガは、場所・仕事の内容を問わず原則として労災になる

1-10 業務中のケガ・病気には健康保険証が使えない？

　業務中にケガをしたり、病気にかかった場合は、病院で健康保険被保険者証を見せても、健康保険制度上の診察をしてもらうことはできません。

　業務中のケガや病気については、労災保険から治療費が出ることになっています。

　そこで、健康保険被保険者証の代わりに専用の書類（「療養（補償）給付の請求書」）を提出して治療を受けます。

✓ 「療養（補償）給付」とは

　「療養（補償）給付」とは、労災保険の給付の一つで、治療にかかった医療費が給付されるのではなく、病院での治療・薬、そのものが給付されます（現物給付）。

　「補償」にカッコが付いているのは、業務災害の場合は「療養補償給付」、通勤災害の場合は「療養給付」という名称で区分しているからです。

✓ なぜ、健康保険被保険者証を使わないのか

　健康保険は、業務災害以外の疾病・負傷などに給付されるものです。

　そのため、業務中のケガ・病気なのに健康保険被保険者証を使用してしまうと、本来は労災保険で負担するはずの医療費を、制度も主旨・目的も異なる健康保険が負担することになり、整合しないことになります。

　医療機関の窓口で労働災害であることを告げずに健康保険制度による療養の給付を受けてしまった場合、その後、労災保険適用とするには、煩雑な手続きを要します。

◎仕事中のケガなら労災保険の適用を◎

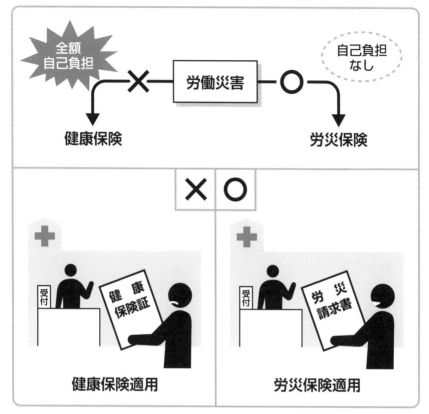

　業務中にケガ・病気を負った場合は、病院で正しく申告し、労災
保険を適用して治療を受けるようにしましょう。

ここがポイント！

- 医療機関に受診する際は、ケガ・病気の原因を正しく・詳し
  く伝える
- 労災と認められる場合は、面倒でも労災保険を使って受診す
  る
- 健康保険証は使えないので、労災保険専用の書類を提出する

1-11 業務中にケガをしたり 病気にかかってしまったら？

　業務中や通勤中にケガをしたり、病気にかかったら、その治療費は全額、労災保険から出ます。自己負担はありません。

✓ 労災保険が適用になるときの手続きの流れ

　業務中や通勤中のケガ・病気により治療を受ける場合の、本人の手続きの大きな流れは次のとおりです。

①会社に労災が発生したことを伝え、療養（補償）給付の請求
　書を作成してもらう
②上記①の書類を持参したうえ、病院で労災であることを伝え、
　治療を受ける

　労災保険に関する請求書を持参すれば、治療費は1円もかかりません。
　しかし、緊急で受診した場合には、請求書の準備が間に合わないこともあります。その場合は、いったん治療費を立替え払いして、あとで精算することになります。
　病院によっては、請求書を後日持参すれば、その場では支払わなくてもよいところもあります。
　なお、労災指定病院とそうでない病院とでは、手続きの流れが変わります（次ページの図を参照）。
【労災指定病院】
　療養（補償）給付の請求書を提出するだけで治療をしてもらえます。
【労災指定ではない病院】
　労災保険適用の治療をする際は、一度、全額を自己負担しなけれ

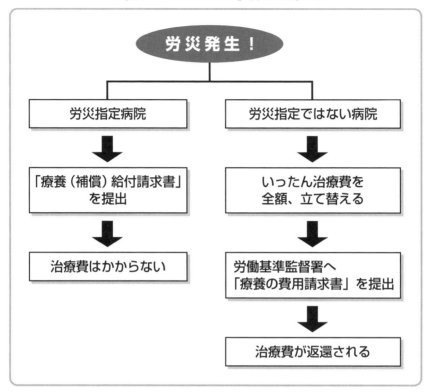

◎労災にあったときの手続きの流れ◎

ばなりません。そして、「**療養の費用請求書**」（113ページ参照）を
労働基準監督署へ提出して、負担した治療費を返してもらいます。

　なお、業務中や通勤中のケガが原因で柔道整復師の施術、はり・
きゅう、マッサージを受けた場合も、労災保険を使って費用請求で
きます。ただし、はり・きゅう、マッサージは、医師の指示があっ
た場合に限ります。

ここがポイント！

● 労災保険適用の治療費は、自己負担が０円
● 労災指定病院で受診したほうが、手続きは簡単

通勤途上の負傷等も労災になる？

　労災保険の適用範囲には、「業務災害」以外に「**通勤災害**」があります。

✓ 「通勤災害」はどんな場合に認められるか

　「通勤災害」とは、**労働者が通勤により被った負傷、疾病、障害または死亡**をいいます。

　通勤災害は、使用者に直接的な責任はありません。しかし、通勤は就業のために移動する行為で業務との関連が強いので、一定の要件を満たす場合は、労災保険の適用が認められています。

　通勤と認められるためには、**就業に関し、以下にあげる「移動」の要件を満たしていなければなりません**（次ページ図を参照）。

---

　①住居と就業の場所との間の往復
　②就業の場所から他の就業の場所への移動
　③住居と就業の場所との間の往復に先行し、または後続する住居間の移動

　そして、上記移動を**合理的な経路および方法により行なう**ことが要件ですが、業務の性質を有するものを除きます。

　なお、労働者が通勤の途中で経路を逸脱・中断した場合には、通勤と認められないことがあります（詳しくは1－15項参照）。

ここがポイント！

通勤災害は「通勤」の要件を満たしていないと認められない

◎「通勤」と認められる場合◎

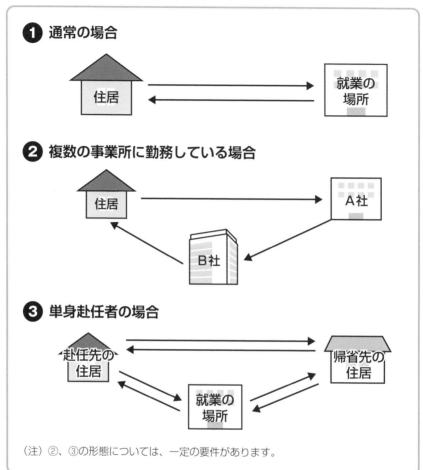

❶ 通常の場合

住居 ⇄ 就業の場所

❷ 複数の事業所に勤務している場合

住居 → A社 → B社 → 住居

❸ 単身赴任者の場合

赴任先の住居 ⇄ 帰省先の住居
赴任先の住居 ⇄ 就業の場所 ⇄ 帰省先の住居

（注）②、③の形態については、一定の要件があります。

知っトク!

特別加入者だと通勤災害が適用にならないことも

　労災保険の特別加入者の場合は、個人タクシー業者、個人貨物輸送業者、漁船による自営漁業者、特定農作業従事者などは通勤災害の適用外の業種とされています（詳しくは1－29項参照）。

1-13 通勤の範囲の「住居」「就業場所」とは何か？

通勤災害の前提となる「通勤」とは、たとえば「就業に関し、住居と就業場所との間の往復」と定義されますが、その詳しい内容を理解しておく必要があります。

☑ 「就業に関し」とは

業務に就くため、または業務を終えたことにより行なわれる移動行為であることが必要です。**労働者が被災当日に就業することになっていたか、または現実に就業していたか、移動行為が業務と密接な関連をもっていたかどうか**が判断ポイントになります。

また、移動行為と業務時間との関連では、たとえば、寝過ごしによる遅刻やラッシュを避けるための早出など、通常の出勤時刻と時間的に多少の前後があったとしても就業との関連性は認められます。

☑ 「住居」とは

労働者が日常生活するために住んでいる家屋等の場所で、**労働者の就業のための拠点**を住居といいます。

就業のための拠点として、家族の住む場所とは別に就業場所近くに居住場所を借りて通勤する場合は、そこが住居になります。

また、いつもは家族と共に住む場所から出勤するが、別に居住場所を借りていて、早出や長時間の残業などのときは、別に借りている居住場所に泊まり、そこから通勤するような場合は、家族と共に住む場所と借りている別の居住場所の両方が住居になります。

天災や交通ストライキのため、やむを得ず会社近くの宿泊所に泊まる場合は、その宿泊所が住居とみなされます。

◎通勤災害の「通勤」とは認められないケース◎

就業に関するものと認められない事例

- 午後の遅番出勤だが、運動部の練習に参加する目的で朝から家を出て、本来の就業開始時刻とはかけ離れた時刻に住居を出る場合
- 前日、飲みすぎたために出勤途中で体調が悪くなり、住居に戻る場合
- 休暇中に給料受取りのために会社に行く場合

住居と認められない事例

- 麻雀をして友人宅に宿泊。翌朝そこから直接出勤した場合の友人宅
- 同僚との飲み会後、ホテルに宿泊し、そこから出勤したときのホテル

就業場所として認められない事例

- 会社主催だが任意参加の社内運動会の会場

「就業場所」とは

業務を開始する場所または終了する場所をいいます。

会社や店舗、工場など本来業務を行なう場所が該当しますが、外勤業務をしている労働者で、特定区域（エリア）を担当し、そのエリア内にある数か所の用務先を受け持ち、自宅とその用務先の間を往復している場合には、住居とする場所を出てから**最初の用務先が業務開始の場所**となり、**最後の用務先が業務終了の場所**となります。

ここがポイント！

たとえ通勤中の事故にあっても、住居、就業場所などが「通勤」の定義を満たさないと通勤災害にはならない

1-14 通勤の「合理的な経路および方法」とは何か？

通勤災害は、住居と就業場所を移動する場合、労働者が一般に用いるものと認められる経路および方法によって通勤していることが条件ですが、以下の点に注意しなければなりません。

☑「合理的な経路」とは

通勤のために通常利用する経路であれば、たとえ通勤経路が複数あった場合でも、そのいずれもが「合理的な経路」となります。

「会社に通勤経路の届出をしている場合、その届出の経路のみが対象になるのですか？」と質問を受けることがありますが、この場合、会社へ届け出ている通勤経路以外や、定期券に表示されている以外の通勤経路であっても、それが「合理的な経路」であれば認められます。

また、交通機関の事故や道路工事などの影響で交通事情が悪くなり、平常利用する経路では通勤できずに、迂回するような場合も「合理的な経路」として認められます。

ただし、特に合理的な理由がなく、著しく遠回りとなる経路をとる場合などは、「合理的な経路」とは認められません。**迂回などをする必要性等があるかどうかがポイントです。**

☑「合理的な方法」とは

電車やバスなどの公共交通機関を利用する場合、自動車や自転車などを本来の用法に従って使用する場合、徒歩の場合など、通常用いられる交通方法であれば、労働者がふだんその方法を用いているかどうかにかかわらず、一般的に合理的な方法として認められます。

「合理的な経路」として認められる事例

- 通常使用している私鉄バスがストライキをしており、最寄りの駅を利用するために通常通勤する経路とは逆方向に歩く経路
- マイカー通勤の労働者が、同一方向にある妻の勤務先（450m先）を経由する経路
- 他に子供の監護を行なう者がいない共働き夫婦が、子供を託児所に預けるために利用する経路

「合理的な方法」とは認められない事例

- 運転免許を一度も取得したことがない者が自動車を運転する場合
- 泥酔している状態で自転車を運転する場合
- 歩行が禁じられている鉄橋、トンネルなどを歩行して通る場合

「業務の性質を有するもの」とは

　合理的な経路および方法による場合でも、業務の性質を有するものは通勤から除かれます。

　通勤の要件をみたす往復行為の場合であっても、業務の性質があるものは通勤とはならないわけですが、「業務の性質を有するもの」とは、たとえば、事業主の提供する専用交通機関を利用して通勤する場合や、緊急用務のため休日に呼び出しを受けて出勤する場合の移動などが該当します。

ここがポイント！

　通勤の「合理的な経路」「合理的な方法」については十分な検討を要する

通勤経路の「逸脱」「中断」とは何か？

通勤の途中で経路を逸脱または中断した場合は、逸脱・中断の間、およびその後の移動は通勤とはなりませんが、逸脱・中断の間を除き、通勤と認められるケースもあります。

✓ 通勤経路の「逸脱」「中断」とは

「逸脱」とは、通勤途中に就業や通勤と関係ないことで合理的な経路から外れることをいいます。

一方、「中断」とは、通勤経路上で通勤とは関係のない行為を行なうことをいいます。たとえば、会社の帰りに映画館に入る、飲食店等で飲酒をするなどが該当します。

しかし、通勤の途中で行なうささいな行為、たとえば通勤経路近くの公園の公衆トイレを利用する、通勤経路上の店で雑誌等を購入するなどの場合には、逸脱・中断とはなりません。

通勤経路の逸脱・中断があった場合、それ以降は原則として通勤とはなりませんが、例外として、**日常生活上必要な行為であって、厚生労働省令で定めるものをやむを得ない事由により最小限度の範囲で行なう場合**には、逸脱または中断の間を除き、合理的な経路に復した後は再び通勤になります。厚生労働省令で定める逸脱、中断の例外となる行為とは、以下のとおりです。

①日用品の購入その他これに準ずる行為

たとえば、帰途に惣菜等を購入する、クリーニング店に立ち寄るなどです。

②職業能力開発促進法に規定する公共職業能力開発施設において行なわれる職業訓練、学校教育法に規定する学校において行なわれる教育その他に準ずる教育訓練であり、職業能力の開発向上に資するものを受ける行為

◎逸脱・中断があった場合に「通勤」として認められるか◎

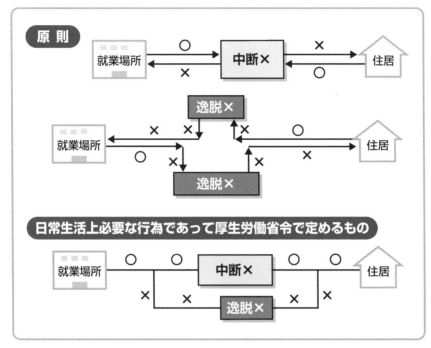

③選挙権の行使その他これに準ずる行為

④病院または診療所において診察または治療を受けることその他これに準ずる行為

⑤要介護状態にある配偶者、子、父母、孫、祖父母および兄弟姉妹ならびに配偶者の父母の介護（毎日あるいは1週間に数日など日常的に反復・継続して行なわれるものに限る）

ここがポイント！

　美容院等に立ち寄って通勤経路に戻ったときは通勤途上と認められるが、経路上の喫茶店で同僚と雑談後、帰路で災害にあっても認められない

労災保険なら 薬も無料で処方される？

　労災保険が適用となる治療を受けて処方された薬代については、治療費と同様、自己負担額は０円です。

✔ 薬局によって手続きは異なる

　病院で処方された薬をもらう薬局が、院内薬局か院外薬局かによって手続き方法は変わります。

【院内薬局の場合】

　病院の窓口に、療養（補償）給付の請求書を１枚提出すればＯＫです。

【院外薬局（労災指定薬局）の場合】

　療養（補償）給付の請求書は病院にも薬局にも提出しなければならないので、病院窓口で１枚、薬局窓口で１枚、合計２枚が必要になります。

【院外薬局（労災指定ではない薬局）の場合】

　労災指定ではない病院にかかったときの治療費と同じように、「療養の費用請求書」を労働基準監督署へ提出してから薬代を返してもらうことになります。つまり、薬代は一度、全額自己負担します。

ここがポイント！

- ●労災保険適用なら、薬代もタダになる
- ●労災指定薬局なら、書類１枚で手続きは完了

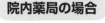

◎労災保険が適用になる薬代の手続きの違い◎

院内薬局の場合

給付
請求書 ➡ 病院窓口 ⟹ 自己負担なし

院外薬局（労災指定薬局）の場合

給付
請求書 ➡ 薬局窓口 ⟹ 自己負担なし

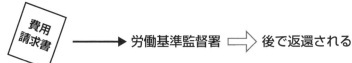

院外薬局（労災指定ではない薬局）の場合

費用
請求書 ➡ 労働基準監督署 ⟹ 後で返還される

（いったん全額、自己負担）

知っ
トク！

労災保険適用の提出書類はどこでもらえるの？

　労災保険を適用して治療を受けるには、専用の書類を提出する必要
があります。病院によっては必要な書類を用意しているところもあり
ますが、多くの病院では、必要な書類を指示されるだけで、準備は自
分でしなければなりません。

　この書類は、最寄りの労働基準監督署の窓口で直接もらうか、厚生
労働省のホームページからダウンロードすることもできます。

　会社に顧問の社会保険労務士がいる場合は、その社会保険労務士に
手続きを依頼することも可能です。

通院費も請求できるの？

　自宅または勤務地から、原則として**片道2km以上**の通院で、以下の①〜③のいずれかの要件を満たす場合には、労災保険から通院費が支給されます（次ページの図を参照）。

---

①同一市町村内の診療に適した労災指定医療機関へ通院した場合

②同一市町村内に診療に適した労災指定医療機関がないため、隣接する市町村内の診療に適した労災指定医療機関へ通院した場合

③同一市町村内および隣接する市町村内に診療に適した労災指定医療機関がないため、それらの市町村を越えた最寄りの労災指定医療機関へ通院した場合

✔「通院費」とは

　労災保険から支給される通院費とは、**通院に要した費用の実費相当額**をいいます。

　タクシーを利用した場合は、公共交通機関を利用できないほどのケガであったと労働基準監督署が認めた場合に限り、通院費として支給されます。この場合は、請求する際に「療養（補償）給付の費用請求書」に領収書を添付しなければならないので、必ず領収書（レシート）をもらっておきましょう。

　なお、通院費が支給されるかどうかは、労働基準監督署の判断によって決まることになっています。

◎通院費の給付を請求できる場合とは◎

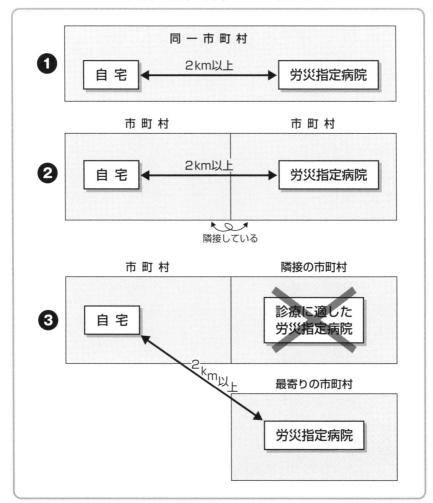

1-18 労災のために 会社を休むことになったら？

　たとえば、仕事中に大ケガをして入院することになった場合、仕事も休まなければならなくなります。入院中は、会社からの給料は減額されるのが一般的ですが、労災保険からお金（給付金）をもらうことができます。

　また、入院することになった場合に限らず、入院はしていないが自宅療養で仕事ができない場合も、労災保険からの給付の対象になります。

✓ 労災保険からお金はどれくらいもらえるのか

　労災が原因で会社を休むことになると、給料が減ってしまい生活に困ってしまいます。そこで、その不安を減らすために、労災保険から「**休業（補償）給付**」が支給されることになっているのです。

　この休業（補償）給付のしくみは、以下のとおりです。

● 1日あたりの「平均賃金」の60％が支給される

● 休みが4日以上になった場合に支給される

● 3日目までの休みについては、労災保険からの支給はないので、会社が平均賃金の60％を補償する義務がある

　ここで「平均賃金」とは、労災の発生した日以前3か月間に、その従業員に支払われた賃金の総額を、その期間の総日数（暦日数）で除した金額をいいます。

　なお、通勤中のケガのために休んだ場合は、会社が補償する必要はありません。

　さらに、休業特別支給金として、平均賃金の20％が支給されるため、合計80％の支給を受けることができます。

◎休業（補償）給付のしくみ◎

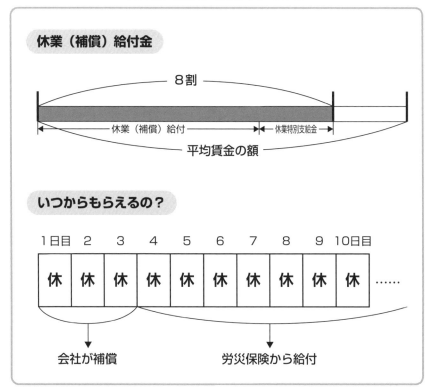

休業（補償）給付金

8割

休業（補償）給付 — 休業特別支給金

平均賃金の額

いつからもらえるの？

| 1日目 | 2 | 3 | 4 | 5 | 6 | 7 | 8 | 9 | 10日目 |

休 休 休 休 休 休 休 休 休 休 ……

会社が補償　　　　　　労災保険から給付

ここがポイント！

● 労災が原因で仕事ができなくなった場合は、労災保険から給付金が出る

● 入院していなくても、自宅療養が必要な場合は給付を受けられる

● 労災保険からの休業（補償）給付は1日あたりの平均賃金の60%

● 休みが3日目までは、労災保険からの給付はないので、会社が平均賃金の60%を補償する義務がある

● 特別支給金として、平均賃金の20%が加算される

労災で健康保険証を
使用した場合はどうする？

　業務災害や通勤災害で、医療機関に健康保険証を提出して、健康保険で治療を受けた場合は、労災保険への切替えが必要となります。

✅ 労災保険への切替えが可能かどうかを確認

　治療を受けた病院や、労災保険へ切替えしなければならないと気づいた時期により、対応は異なります。医療機関の窓口で健康保険から労災保険への切替えが可能かどうか確認してください。

①労災指定医療機関等で治療を受け、医療機関窓口で健康保険から労災保険への切替えができる場合

　労災保険への切替えに必要な書類（「療養（補償）給付たる療養の給付請求書」（業務災害は様式第5号、通勤災害は様式第16号の3）。106ページ参照）と健康保険証を使用したときに負担した医療費の領収書を病院窓口に提出して、支払った医療費を返還してもらいます。

②医療機関窓口で健康保険から労災保険への切替えができない場合

　加入している健康保険の保険者に労災保険適用であることを連絡し、健康保険の保険者から送付された医療費を返納するための書類を受理します。治療費の差額（通常は7割）を健康保険の保険者に返納し、返納後に健康保険の保険者からの領収書等を受理します。その後、労災保険への切替えに必要な書類（「療養（補償）給付たる療養の費用請求書」（業務災害は様式第7号、通勤災害は様式第16号の5））に領収書等必要な書類を添付して管轄の労働基準監督署に提出します（手続きについて詳しくは113ページ参照）。

◎健康保険から労災保険へ切替えする場合の手続きの流れ◎

① 労災指定病院＋病院で健保から労災への切替え可能な場合

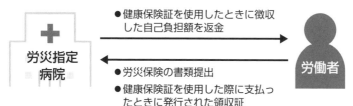

労災指定
病院

- 健康保険証を使用したときに徴収した自己負担額を返金

- 労災保険の書類提出
- 健康保険証を使用した際に支払ったときに発行された領収証

労働者

② 病院で健保から労災への切替えができない場合

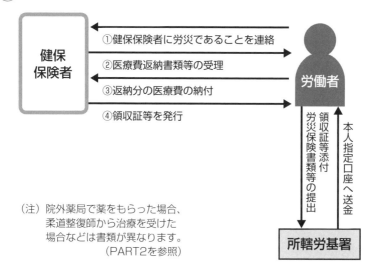

健保
保険者

①健保保険者に労災であることを連絡

②医療費返納書類等の受理

③返納分の医療費の納付

④領収証等を発行

労働者

領収証等添付
労災保険書類等の提出

本人指定口座へ送金

所轄労基署

（注）院外薬局で薬をもらった場合、
　　　柔道整復師から治療を受けた
　　　場合などは書類が異なります。
　　　（PART2を参照）

ここがポイント！

　②の場合に多大な経済的負担が生じる場合などは、健康保険の保険者への診療報酬の返還が完了する前であっても労災保険の請求を行なうことができます（詳細は所轄の労働基準監督署へ）。

労基署の判断に不服があるときは？

　業務災害あるいは通勤災害かどうかの認定は、労働基準監督署長が行ない、災害が起きた原因と発生状況により総合的に判断されます。ただし、労基署が出した結論が最終決定ではありません。決定に不満がある場合には、「**不服申立て**」制度を利用し、審査をやり直してもらうことができます。

✓ 不服申立て制度のしくみ

　労災保険の「保険給付」に関する不服申立ては、「労働者災害補償保険審査官」と「労働保険審査会」の**二審制で処理**されます。

　まず、第一審は、各都道府県にある労働局の労働者災害補償保険審査官に対して、文書または口頭で申立てを行ないます。労働者災害補償保険審査官は、労基署での調査内容・調査結果を踏まえて、その判断が妥当であったのかどうか審査を行ないます。追加で調査が必要だと判断した場合は、事情聴取を行なう場合もあります。

　審査請求の期限は、原処分（労働基準監督署長による処分）があったことを知った日の翌日から起算して３か月以内です。

　第二審は、労働者災害補償保険審査官が行なった決定に対しても不服がある場合に、厚生労働省にある労働保険審査会に再審査請求書を提出します。労働保険審査会に対する不服申立ては、文書のみ認められており、再審査請求の期限は決定書の謄本が送付された日の翌日から起算して２か月以内です。

　二審の決定がおりたあとに、さらに不服がある場合は、行政訴訟として「処分取消し」を求める訴えをすることができます。

　なお、審査請求をできるのは、処分によって「直接」自己の権利や利害を侵害された者に限られます。たとえば、被災した労働者本人や、被災によって死亡した労働者の遺族などです。

◎不服申立ての流れ◎

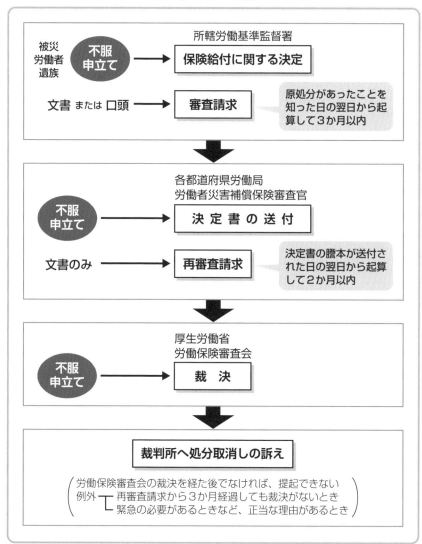

被災労働者遺族 **不服申立て** → 所轄労働基準監督署 **保険給付に関する決定**

文書 または 口頭 → **審査請求** 原処分があったことを知った日の翌日から起算して3か月以内

不服申立て → 各都道府県労働局 労働者災害補償保険審査官 **決 定 書 の 送 付**

文書のみ → **再審査請求** 決定書の謄本が送付された日の翌日から起算して2か月以内

不服申立て → 厚生労働省 労働保険審査会 **裁 決**

裁判所へ処分取消しの訴え

労働保険審査会の裁決を経た後でなければ、提起できない
例外 ┬ 再審査請求から3か月経過しても裁決がないとき
    └ 緊急の必要があるときなど、正当な理由があるとき

ここがポイント！

　不服申立ては、直接的に会社の事務担当者が関与するべき内容ではないが、困っている従業員がいれば、ぜひ教えてあげましょう！

物品に対しても労災保険からの補償はあるの？

　労災保険の補償の対象となるものは、あくまでもケガや病気、そしてそれらから派生した障害や死亡です。物に対する補償はありません。

✓ 駅で転倒したときに腕時計を壊してしまったら

　次のようなケースで、物が壊れてしまった場合、労災保険から補償はしてもらえないのでしょうか？

【ケース】

　朝の通勤ラッシュ時に、B男さんはいつものように電車に乗ろうと、ホームへの階段を降りていました。すると、後ろからものすごい勢いで走ってくる人物が！　その勢いに押され、B男さんは階段を踏み外し、転倒してしまいました。

　幸い、頭などは打っておらず、足の捻挫と手の擦り傷だけですみました。退社後に病院（労災指定病院）へ行き、通勤途中の駅で転倒したことを伝えて、労災保険を適用して治療を受けました。

　ところで、転倒した拍子にとっさに手をつき、その際につけていた腕時計の文字盤に大きく傷がついてしまいました。この時計は、就職後に初めての給料で購入して大切に使っていたもの。時計の保証期限はとっくに過ぎていますが、治療費は全額、労災保険から給付されるのだから、時計も元通りにしてほしい…。修理費用や同じ時計を購入する費用は、補償されないのでしょうか？

【回　答】

　労災保険では、物に対する補償はありません。しかし、このケースは、「第三者行為災害」にあたると考えられます。

　第三者行為災害の詳細は後述しますが（76ページ参照）、政府・事業主・被災した労働者以外の人の不法行為などにより、業務災害

◎業務中・通勤時の事故の際の労災保険の補償の範囲◎

- ●治療費
- ●薬、治療材料（包帯など）
- ●手術代
- ●療養上の管理費
- ●入院費
- ●通院時の交通費

- ●付き添い人の交通費、遠方の場合の宿泊費
- ●会社の物品が損傷し、労働者が弁償する場合
- ●労働者自身の物品の損傷

労災保険から
支給される

労災保険からの
支給なし

ただし、第三者に原因がある災害の場合、第三者に対して損害賠償を請求することは可能

または通勤災害を被った場合の災害をいいます。災害の原因となった相手がわかっていれば、相手方に**損害賠償を請求**するという方法もあります。しかし、走り去った相手はどこの誰かわからないまま…という可能性のほうが現実には大きいですね。

ここがポイント！

　事故などにより物品が損傷した場合、第三者行為災害に該当すれば損害賠償を請求できる可能性がある

労災保険の手続きの締切が過ぎたらアウト？

労災保険法にも、ほかの法律と同じように「時効」という考え方があります。したがって、期限内に行なわなければ、労災保険の給付を請求する権利は消滅してしまいます。

✓ 労災保険の「時効」のしくみ

労災保険の請求を行うのは、被災した労働者やその遺族ですが、ほとんどの請求書類には事業主の証明欄が設けられているので、実際には会社の人事労務や総務の担当者が書類を記入することが多いと思います。会社の担当者としては、時効に気をつけておく必要があるわけです。

ここでいう「時効」とは、**時効の起算日から保険給付の請求書類を提出するまでの制限期間**です。請求書類を提出した段階で時効のカウントは停止します。

ちなみに、「起算日」とは、時効の期間を計算し始める第1日目のことです。たとえば、休業（補償）給付であれば、休業の日ごとにその翌日から時効のカウントがはじまります。

労災保険の給付のなかでも、「療養の給付」については、その時々での現物給付になるので、時効という考え方はありません。時効の問題が発生するのは、**労災指定病院以外の病院にかかり、あとから療養の費用を請求する場合**です。

また、「傷病補償年金」は、労働者が請求して支給されるものではなく、政府の職権で支給決定が行なわれるので、時効の問題は生じません。

なお、障害や遺族に関する給付の時効は5年間（前払一時金を請求する場合は2年間）、その他の給付は2年間となっています。

◎労災保険の給付の時効と起算日一覧表◎

保険給付	期間	起算日
療養補償給付（療養給付）の療養の費用の支給	2年	療養の費用を支払った日ごとにその翌日
休業補償給付（休業給付）		休業の日ごとにその翌日
介護補償給付（介護給付）		介護を受けた月の翌月初日
葬祭料（葬祭給付）		労働者が死亡した日の翌日
障害補償年金前払一時金（障害年金前払一時金）		傷病が治った日の翌日
遺族補償年金前払一時金（遺族年金前払一時金）		労働者が死亡した日の翌日
二次健康診断等給付における特定保健指導		労働者が一次健康診断の結果を知った日の翌日
障害補償給付（障害給付）	5年	傷病が治った日の翌日
遺族補償給付（遺族給付）		労働者が死亡した日の翌日
障害補償年金差額一時金（障害年金差額一時金）		障害補償年金（障害年金）の受給権者が死亡した日の翌日
傷病補償年金（傷病年金）	時効という概念そのものがない	

※保険給付のカッコ内は通勤災害による給付を表わします。

ここがポイント！

　会社の保険事務担当者が、労働者から労災保険給付の請求書類の記入を頼まれたときは速やかに対応しよう！

1-23 労災保険の給付には、どんなものがあるの？

　労災保険の給付の種類は、さまざまあります。ここでその概要をまとめておきましょう。なお、通勤災害の場合は、給付の名称に「補償」がつきませんので、カッコ付きで表記しています。

✅ 労災保険給付の概要

①療養（補償）給付

　「療養の給付」は、負傷、疾病に対する療養行為そのものを対象とし、「療養の費用の支給」は、療養にかかった費用を償還するものです（労災指定病院以外で療養を受けた場合に対象となります）。

②休業（補償）給付

　療養のため労働することができない日に対する賃金補償です。平均賃金（給付基礎日額。次ページの囲み参照）をもとに、給付金額が計算されます。

③傷病（補償）年金

　療養を開始して1年6か月を経過した日に、一定要件に該当した場合に、労働基準監督署長が支給を決定するものです。

④障害（補償）給付

　傷病が治癒した後に一定の障害が残った場合に、障害の程度に応じて年金または一時金として支給されるものです。

　なお、「障害（補償）年金前払一時金」は、一定金額を限度として前払いされるもので、「障害（補償）年金差額一時金」は、年金を受給していた労働者本人が早期に死亡した場合に、残された遺族に対して一定金額が支給されるものです。

⑤介護（補償）給付

　「障害（補償）年金」または「傷病（補償）年金」の要件を満たす場合に、一定の障害により介護が必要な場合に支給されます。

⑥遺族補償給付（遺族給付）

　労働者が死亡したときに、一定の要件を満たす遺族に対して年金または一時金で支給されるものです。

　なお、「遺族（補償）年金前払一時金」は、年金給付の場合に一定金額を限度として前払いされるもので、前払いが請求できるのは、年金の場合のみです。

⑦葬祭料（葬祭給付）

　死亡した労働者の葬祭に要する費用について支給されます。

⑧二次健康診断等給付

　定期健康診断等において、過労死に関連する所見がある場合に、医師による二次健康診断や保険指導を行なう際に支給されるものです。

給付基礎日額とは？

　「給付基礎日額」とは、原則として、労働基準法の平均賃金に相当する額のことをいいます。「災害発生の日以前（疾病の場合は疾病が確定した日）の3か月間に支払われた賃金÷その3か月間の暦日数」で計算した1日あたりの賃金額です。なお、賃金の締切日が決まっているときは、事故発生日の直前の賃金締切日までさかのぼって計算をします。また、給付基礎日額の賃金に賞与は含まれませんが、年金と並行して支給される「特別支給金」は、賞与等の特別の給与をもとに計算された「算定基礎日額」を使用します。

　「算定基礎日額」とは、「災害発生の日（疾病の場合は疾病が確定した日）以前1年間に従業員が会社から受けた賞与など3か月を超える期間ごとに支払われた賃金÷365日」で計算した金額をいいます。この3か月を超える期間ごとに支払われた賃金には、臨時に支払われた賃金は含まれません。

◎特別支給金制度のある労災保険の給付の種類一覧◎

保険給付の種類	一般の特別支給金	ボーナス特別支給金
休業（補償）給付	休業特別支給金（休業4日目から、給付基礎日額の20％相当額を支給）	なし
傷病（補償）年金	傷病特別支給金（障害の程度により、114万〜100万円までの一時金）	傷病特別年金（障害の程度により、算定基礎日額の313日〜245日分の年金）
障害（補償）年金	障害特別支給金（障害の程度により、342万〜159万円までの一時金）	障害特別年金（障害の程度により、算定基礎日額の313日〜131日分の年金）
障害（補償）一時金	障害特別支給金（障害の程度により、65万〜8万円までの一時金）	障害特別一時金（障害の程度により、算定基礎日額の503日〜56日分の一時金）
遺族（補償）年金	遺族特別支給金（遺族の数に関係なく、一律300万円）	遺族特別年金（遺族の数などにより、算定基礎日額の245日〜153日分の年金）
遺族（補償）一時金		遺族特別一時金 （労働者の死亡の当時、遺族補償年金または遺族年金の受給権者がないとき…算定基礎日額の1,000日分の一時金） （遺族（補償）年金の受給権者がすべて失権した場合、受給権者だった遺族全員に対して支払われた遺族特別年金の合計額が、算定基礎日額の1,000日分に満たないとき…算定基礎日額の1,000日分と支払われた合計額との差額）

特別支給金制度がある

　労災保険には、通常の保険給付とは別に、**社会復帰促進等事業**から給付される「特別支給金」というものがあります。特別支給金制度のある保険給付の種類は前ページ表にあげたとおりです。

　「一般の特別支給金」は、給付基礎日額（57ページ「知っトク!」参照）にもとづいて支給されます。一方、「ボーナス特別支給金」は、賞与が支給されている場合に、算定基礎日額（57ページ「知っトク!」参照）にもとづいて支給されます。

　この特別支給金については、通常の保険給付の請求書が、同時に特別支給金の申請書となっているので、別途請求する必要はありません。

ここがポイント!

- ●労災保険の給付の種類はいろいろあるので、その内容のあらましは知っておきたい
- ●労災保険の給付の種類によっては特別支給金が上乗せ給付されるものがあるので、労働者から聞かれたときにはアドバイスできるようにしておこう!

知っトク!

通勤災害の一部負担金とは？

　通勤災害は、事業主の支配下で起こるものではなく、事業主に補償責任はありません。そこで、受益者負担の観点から、通勤災害で療養給付を受ける場合には、原則として200円（日雇特例被保険者は100円）の一部負担金が徴収されます。この一部負担金は、休業給付を受ける際に控除される形で徴収されます。

　なお、休業給付を受けない場合であっても、別途一部負担金が徴収されるということはありません。

1-24 健康保険などの給付内容とどこが違うの？

労災保険の給付は、健康保険などふだんなじみのある他の社会保

シーン	労災保険		健康保険、その他社会保険	
	名称	給付内容	名称	給付内容
療養	療養（補償）給付	治療費等の全額 ①治療 ②薬剤・治療材料 ③処置・手術その他 ④居宅での療養上管理、その療養に伴う世話、その他看護 ⑤病院・診療所への入院、その他療養に伴う世話やその他看護 ⑥移送（一定要件を満たせば通院等の交通費を含む） ※療養の給付を行なうことが困難な場合は、療養の費用を支給することができる。	療養の給付	治療費等の7割 ①治療 ②薬剤・治療材料 ③処置・手術その他 ④居宅での療養上管理、その療養に伴う世話、その他看護 ⑤病院・診療所への入院、その他療養に伴う世話やその他看護
			療養費	全額を立替払いした後、後日治療費等の7割支給
			移送費	医師の指示で一時的・緊急的必要があり、移送された場合の費用
	傷病（補償）年金	傷病等級に応じた日数分を年金で支給 ※療養開始から1年6か月経過しても治癒せず、一定の傷病等級に該当するときに、労働基準監督署長が支給を決定		
休業	休業（補償）給付	給付基礎日額の80％（休業特別支給金20％を含む） 【要件】 ①療養のため、4日以上休業している ②賃金が支払われていない 【備考】 ・休業3日目までは、事業主に補償義務あり （通勤災害は対象外）	傷病手当金	健康保険の標準報酬月額の平均額の3分の2 【要件】 ①療養のため、4日以上休業している ②賃金が支払われていない 【備考】 ・休業3日目までの事業主補償なし ・支給期間は最長で、支給開始から1年6か月

険の給付と違って、通院費や、業務災害の場合は3日間の待期期間中でも会社が休業補償費を支払わなければならない、従業員が死亡したときは給付の対象者となる範囲が健康保険よりも広い、などの特徴があります。シーン別に労災保険と健康保険等の給付内容を比較表にまとめておきましたので参考にしてください。

シーン	労災保険		健康保険、その他社会保険	
	名称	給付内容	名称	給付内容
障害が残った	障害（補償）給付	障害の程度により、年金もしくは一時金【要件】症状が固定し、後遺症や障害が残ったとき	障害厚生年金（厚生年金）障害基礎年金（国民年金）	障害等級・被保険者期間に応じて年金で支給【要件】①被保険者要件②保険料納付要件
介護が必要	介護（補償）給付	介護にかかった金額の実費（上限あり）【要件】①傷病（補償）年金もしくは障害（補償）年金の受給者②常時または随時、介護を要する状態であること③常時または随時、介護を受けていること	介護保険からの給付	基本的にサービスにかかる費用の9割（利用者は1割の負担額を支払う）【要件】①要介護状態（寝たきり、認知症などで介護が必要な状態）または②要支援状態（日常生活に支援が必要な状態）
死　亡	葬祭料	①原則：給付基礎日額の60日分②31万5,000円＋給付基礎日額の30日分上記①、②のいずれか多い金額【支給の範囲】葬祭を行なう者に支給（遺族が葬祭を行なわなかったときは、実際に葬祭を行なった者に支給）	埋葬料（埋葬費）	・5万円（協会けんぽの場合）・健康保険組合の場合、支給額が異なる場合あり【支給の範囲】被保険者によって生計を維持していた者で、埋葬を行なう者（被扶養者が死亡したときは、家族埋葬料として同額を支給）
	遺族（補償）給付	要件により、年金または一時金の支給【遺族の範囲】①配偶者、②子、③父母、④孫、⑤祖父母、⑥兄弟姉妹	遺族厚生年金（厚生年金）遺族基礎年金（国民年金）からの給付	要件や被保険者期間によって異なる【遺族の範囲】①配偶者、②子（厚生年金の場合は父母等も遺族の範囲）
定期健診等で、過労死に関連する所見がみられた	二次健康診断等給付	・二次健康診断・特定保健指導（医師または保健師による保健指導）		

1-25 労災保険と健康保険の両方から受給できる？

　労災保険と健康保険の制度は、完全に棲み分けがされています。業務災害・通勤災害によるケガや病気で病院にかかるときは、健康保険被保険者証は使用できません。

　たとえば、労災保険の療養（補償）給付を受給して治療を受け、仕事を休んでいる期間に休業（補償）給付を申請して賃金の補償を受け、一方で健康保険の傷病手当金を受給する──というように、健康保険の給付も併給して受け取るということは、絶対に起こりえません。

✓ 年金制度とは併給を受けられることがある

　労災保険と年金制度とでは、しくみが少し異なり、労災保険の保険給付と厚生年金保険・国民年金の保険給付は、同時に受給することができます。

　ただし、給付の原因となった同一の事由について、労災保険の給付と厚生年金保険等の給付が全額支給されてしまうと、1つの事由について二重に給付が行なわれることになり不合理です。

　そこで、このような場合は、**労災保険の給付が一定の方法により調整される**ことになっています。同じ理由で、労災保険と他の社会保険の両方からそれぞれ100％ずつ給付を受けることはできません。

✓ 労災保険と年金制度の調整のしかた

　労災保険の給付と年金制度からの給付について支給調整が行なわれるのは、「同じ理由」についてそれぞれの給付金が支給される場合だけです。異なる理由であれば、支給調整は行なわれません。たとえば、次の2つのケースが該当します。

◎支給調整がされる給付の一覧表◎

労災の年金		障害（補償）年金	遺族（補償）年金	傷病（補償）年金
社会保険からの年金	併給される年金の給付			
厚生年金および国民年金	障害厚生年金および障害基礎年金	0.73		0.73
	遺族厚生年金および遺族基礎年金		0.80	
厚生年金	障害厚生年金	0.83		0.88
	遺族厚生年金		0.84	
国民年金	障害基礎年金	0.88		0.88
	遺族基礎年金		0.88	

①労災保険の障害補償年金と厚生年金保険の老齢厚生年金が支給される場合

　この場合は、「障害」と「老齢」というまったく異なる理由から支給されるので、調整は行なわれません。

②夫の死亡による労災保険の遺族補償年金と父の死亡による厚生年金保険が同時に支給される場合

　「死亡している」という現象は同じですが、もともとの給付の原因となった「人」が違っていますので、同一事由とはみなされず、支給調整は行なわれません。

ここがポイント！

　減額支給されるのは、労災保険の年金給付のみで、上表に記載した率を乗じた金額が支給される。社会保険料は自己負担分があるのに対して、労災保険料には自己負担分がないことから、労災保険の給付を減額していると考えられる

完全に治らなくても「治癒」になる？

　病気やケガが「治った」とは、一般的には症状が以前の状態まで回復することだと思います。しかし、労災保険の世界では、完全に回復した状態のみを「治った」とは考えません。

✓ 労災保険に規定する「治癒」の状態とは

　労災保険では、次の状態でも「傷病が治った」（治癒）と考えます。

● **傷病の症状が安定している状態**

● **医学上、一般に認められた医療を行なっても、その医療効果が期待できない状態**

　実験段階や研究的過程にあるような治療の方法は、「医療」とは扱われません。たとえ体に痛みが残っていたとしても、それ以上の改善が見込めないのであれば、治癒したと考えられるわけです。

【「治癒」と認定されたあとに変わること】

　治療そのものが行なわれなくなるので、療養（補償）給付は受けられなくなります。また、労務不能な場合でも、休業（補償）給付も打ち切られます。必要な場合は、障害（補償）年金から補償を受けることになります。

　症状が固定し、一定の障害が残ったときには、障害（補償）年金が支給されます。障害の程度により、年金か一時金による支給かが決まります。

【「治癒」したあとに症状が悪化した場合はどうなる？】

　次のいずれかの要件を満たした場合は「再発」として扱われ、療養（補償）給付が再度受けられるようになります。

①その症状の悪化が、当初の傷病と**相当に因果関係がある**と認められること

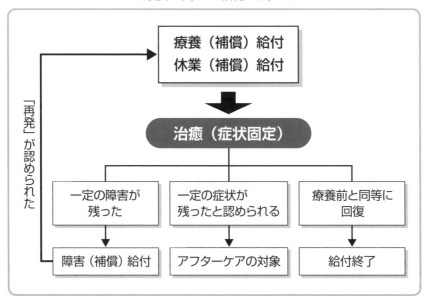

◎療養に関する給付の流れ◎

アフターケアとは？

　せき髄損傷など、対象となる傷病に罹患した労働者が対象で、治癒後も再発や後遺障害に伴う新たな病気を防ぐために、診察や保健指導、薬剤の支給などを受けることができます。ただし、治癒の際に「アフターケア手帳」の申請を行なう必要があります（2−22項参照）。

②症状が固定したときの状態からみて、明らかに症状が悪化していること
③療養を行なえば、その症状の改善が期待できると医学的に認められること

ここがポイント！
労災保険の「治癒」は、一般的に考えられる状態とは異なる

労働者死傷病報告とは何か？

　労働者が業務中等に負傷し、または中毒や疾病にかかったことにより、死亡もしくは休業を要した場合は、労働安全衛生法により「労働者死傷病報告」の提出が義務づけられています。

☑ 「労働者死傷病報告」が必要な場合

　「労働者死傷病報告」は、就業中以外であっても、事業場内や付属する建設物・敷地内等で負傷等した場合にも、提出が義務づけられています。

　労働者死傷病報告と労災保険関係書類は、まったく別のものです。「病院に労災保険関係の書類を提出したから、労働基準監督署への報告はいらない」と思っている人もいるようですが、**労災保険の手続きのほかに、「労働者死傷病報告」の提出が必要**です。

　「労働者死傷病報告」は、労働安全衛生規則97条にもとづく書類で、労働基準監督署に提出します（記入例は厚生労働省や各都道府県の労働局のホームページを参考にしてください）。

　休業が4日以上となる場合は、この「労働者死傷病報告」（様式第23号）を災害発生後「遅滞なく」提出しなければなりません。「遅滞なく」とは、おおむね1週間から2週間以内程度と解されています。

　なお、労災保険の休業補償給付金の申請書には、労働者死傷病報告の提出日を記入する箇所があります。休業補償給付金の請求前、もしくは同時に労働者死傷病報告も提出しましょう。

　また、休業日数が4日に満たない労災が発生した場合も、死傷病報告の提出が必要です（様式第24号）。1月～3月、4月～6月、7月～9月、10月～12月までの期間に発生した労災について、それぞれの期間の最後の月の翌月末日までに提出します。

◎「労働者死傷病報告」の書式（様式第23号、24号）◎

■ ◀様式第23号

労働者死傷病報告

様式第23号（第97条関係）（表面）

| 8 1 0 0 1 | 事業の種類 |

事業場の名称（建設業にあつては工事名を併記のこと。）

カナ

漢字

工事名

職員記入欄

事業場の所在地

電話（　）

被災労働者の氏名（姓と名の間は1文字空けること。）　生年月日　性別

カナ

漢字　職種　経験期間

休業見込期間又は死亡日時（死亡の場合は死亡欄に○）　傷病名　傷病部位　被災地の場所

災害発生状況及び原因　略図（発生時の状況を図示すること。）

報告書作成者
職　氏名

▶様式第24号

様式第24号（第97条関係）

労働者死傷病報告

事 業 の 種 類	事業場の名称	(建設業にあつては工 事名を併記のこと。)		事 業 場 の 所 在 地
被災労働者の氏名	性　別	年齢	職　種	派遣労働 者の場合 は欄に○	発生月日	傷病名及び 傷病の部位	休業 日数	（派遣労働
	男・女	歳			月　日			
	男・女	歳			月　日			
	男・女	歳			月　日			
	男・女	歳			月　日			
	男・女	歳			月　日			
	男・女	歳			月　日			
	男・女	歳			月　日			
	男・女	歳			月　日			
報告書作成者職氏名								
年　　月　　日								

労働基準監督署長殿

備考　派遣労働者が被災した場合、派遣先及び派遣元の事業者は、それぞれ所轄労働基準監督署に提出すること。

ここがポイント！

業務災害が発生したら、労災保険給付の手続きとは別に「労働者死傷病報告」が必要

1-28 労災保険の対象になる特別加入制度とは？

　労災保険は「労働者のための」保険制度です。したがって、法人の代表取締役や個人事業主、家族従事者などの労働者でない人たちは通常、労災保険の対象にはなりません。また、労災保険の適用が及ぶ範囲は日本国内の事業のみとされています。

　しかし、労働者に該当しない場合や国外で働く場合であっても、業務の実情などからみて、労働者に準じて保護することが適当である場合があります。これを「**特別加入**」といい、以下の3つの場合に認められています。

✔ 中小事業主とその事業に従事する者（第一種）

　中小企業の場合、社長や役員であっても、実際には労働者とほとんど変わりのない業務を行なっている場合があります。そこで、以下のいずれかの要件を満たす場合には、特別加入の対象となります。

①下表に定める数の労働者を常時使用する事業主（事業主が法人その他の団体であるときは、その代表者）

金融業、保険業、不動産業、小売業	50人以下
卸売業、サービス業	100人以下
その他の事業	300人以下

②労働者以外で、上記①の事業主の事業に従事する人（事業主の家族従事者や、中小事業主が法人その他の団体である場合の代表者以外の役員など）

　中小事業主等が特別加入するためには、その事業に対して労災の保険関係が成立しており、労働保険の事務処理を労働保険事務組合（厚生労働大臣の認可を受け、労働保険の事務処理を代行する団体）に委託していることが条件となります。加入の手続きは、労働保険事務組合を通じて行ないます。

一人親方等・特定作業従事者（第二種）

「一人親方」とは、もとは建設業において労働者を雇用せずに一人で現場を担う職人を指す言葉です。転じて、労災保険法では、一定の業務を、労働者を使用しないで行なう者を指します（労働者を使用する場合には、その日数の合計が年間100日未満であること）。

「個人事業主」と混同されることが多いですが、労災保険に加入できる「一人親方」は、以下にあげる一定の業種に限られています。

①自動車を使用して行なう旅客もしくは貨物の運送の事業（個人タクシー業者や個人貨物運送業者など）、または原動機付自転車もしくは自転車を使用して行なう貨物の運送の事業（仲介事業者を利用した飲食物等のデリバリーサービス業者など）

②土木、建築その他の工作物の建設、改造、保存、原状回復、修理、変更、破壊もしくは解体またはその準備の事業（大工、左官、とび職人など）

③漁船による水産動植物の採捕の事業（⑦に該当する事業を除く）

④林業の事業

⑤医薬品の配置販売（医薬品医療機器等法第30条の許可を受けて行なう医薬品の配置販売業）の事業

⑥再生利用の目的となる廃棄物などの収集、運搬、選別、解体などの事業

⑦船員法第1条に規定する船員が行なう事業

⑧柔道整復師法第2条に規定する柔道整復師が行なう事業

⑨高年齢者の雇用の安定等に関する法律第10条の2第2項に規定する創業支援等措置にもとづき、同項第1号に規定する委託契約その他の契約にもとづいて高年齢者が新たに開始する事業または同項第2号に規定する社会貢献事業に係る委託契約その他の契約にもとづいて高年齢者が行なう事業

⑩あん摩マッサージ指圧師、はり師、きゅう師等に関する法律にもとづくあん摩マッサージ指圧師、はり師またはきゅう師が行なう

事業

⑪歯科技工士法第2条に規定する歯科技工士が行なう事業

このほか、「**特定作業従事者**」として以下の業務に従事する者の特別加入が認められています。

①特定農作業従事者

②指定農業機械作業従事者

③国または地方公共団体が実施する訓練従事者

④家内労働者およびその補助者

⑤労働組合等の一人専従役員（委員長等の代表者）

⑥介護作業従事者および家事支援従事者

⑦芸能関係作業従事者

⑧アニメーション制作作業従事者

⑨ＩＴフリーランス

それぞれ、一人親方等・特定作業従事者等の団体を通して加入手続きを行ないます。

✅ 海外派遣者（第三種）

労災保険は、国内にある事業場に適用されるものですから、国内の事業場で就労していた人が転勤などで海外の事業場に派遣された場合、通常は派遣先の国の災害補償制度の対象となります。

しかし、派遣先の制度の適用範囲や給付内容が必ずしも十分でない場合もあるため、以下のいずれかの要件を満たす場合には、国内の労災保険制度の対象となることができます。

①日本国内の事業（労災保険関係が成立していること。有期事業を除く。以下同じ）から、海外で行なわれる事業に労働者として派遣される人

②日本国内の事業から、海外にある中小規模の事業に事業主等として派遣される人（労働者数の要件は第一種の場合と同じ）

③独立行政法人国際協力機構など開発途上地域に対する技術協力の

実施の事業（有期事業を除く）を行なう団体から派遣されて、開発途上地域で行なわれている事業に従事する人

加入手続きは、派遣元の団体または事業主が、所轄労働基準監督署を通じて行ないます。

なお、現地で採用された人や海外留学者等は、第三種特別加入の対象外となります。

ここがポイント！

中小事業主が加入した場合、その他の役員なども包括して加入することが原則

**知っ
トク！** **フリーランス保護の動きが拡大**

　昨今は多様な働き方が広まり、企業に雇用されずにフリーランスで働く人が増えています。これに伴い、不当な契約やトラブルに巻き込まれるケースも増加していますが、フリーランスには労働基準法をはじめとする労働法が適用されないため、個人が大きな不利益を被ることが問題視されてきました。

　そこで労災保険においては、社会情勢の変化を踏まえて特別加入の対象範囲の見直しが進められ、直近ではエンジニアやフードデリバリーの配達員などが対象に加えられました。さらに今後は、一定の要件を満たす場合には業種を問わずにフリーランスの特別加入を認める方向で審議が進められています。

　また、令和6年には、報酬支払期日やハラスメント防止等を定めた「特定受託事業者に係る取引の適正化等に関する法律」（フリーランス新法）が施行予定であり、フリーランス保護の動きが加速しています。

特別加入だと取扱いに違いはあるの?

　労災保険の特別加入者であっても、基本的には一般の従業員と同様の給付が受けられますが、一部に違いがあります。

✓ 業務災害・通勤災害の認定の要件が異なる

　特別加入者は、一般の従業員と違い、労働契約等で業務の内容が確定されていないため、加入の申請時に業務内容を届け出る必要があります。

　また特別加入者の場合、実際に災害が起こったときは、本当に業務災害・通勤災害と認められるものなのか、認定を受けることになります。この認定は、厚生労働省労働基準局長が定める基準によって行なわれます。

【通勤災害の適用除外】

　次の特別加入者は、通勤災害に関して労災保険の適用はありません（中小事業主と海外派遣者については、特別加入のすべての対象者について通勤災害の適用があります）。

●次の事業を労働者を使用しないで行なう者と、これらの者が行なう事業に従事する者

　・自動車を使用して行なう旅客または貨物の運送の事業

　・漁船による水産動植物の採捕の事業（船員法上の船員は適用）

●特定農作業従事者または指定農業機械作業従事者

●危険有害な作業に従事する家内労働者およびその補助者

【保険給付を受けられる特別加入者の要件】

●休業補償給付、休業給付を受ける場合の要件である「賃金を受けない日」が排除され、「4日以上、業務に従事できない」という事実のみで給付の対象となる

●通勤災害で療養給付を受ける場合、一部負担金は徴収されない

◎特別加入者の保険料の決定方法◎

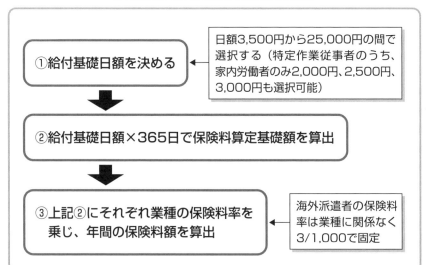

①給付基礎日額を決める ← 日額3,500円から25,000円の間で選択する（特定作業従事者のうち、家内労働者のみ2,000円、2,500円、3,000円も選択可能）

②給付基礎日額×365日で保険料算定基礎額を算出

③上記②にそれぞれ業種の保険料率を乗じ、年間の保険料額を算出 ← 海外派遣者の保険料率は業種に関係なく3/1,000で固定

● 二次健康診断等給付は受けることができない

● 特別支給金について、一般の特別支給金の給付は受けられるが、ボーナス特別支給金は支給されない

【特別加入者の給付基礎日額の決定方法】

　特別加入者は、保険給付額を計算する際の「給付基礎日額」の基礎となる賃金がありません。そこで、厚生労働省令で定める給付基礎日額のなかから、特別加入の申請時に加入者が希望する金額にもとづいて都道府県労働局長が決定します。掛金が高ければ高いほど災害にあった際の補償も高くなりますが、負担金額も大きくなるため、金額の妥当性をよく考えることが必要でしょう。給付基礎日額は、労働保険料の年度更新のタイミングで変更することが可能です。

ここがポイント！

　特別加入者の場合、通勤災害は不適用になる事業があるなど、一般労働者とは労災保険の取扱いが若干異なる

1-30 複数の事業場に勤務する場合は？

　労災保険は、労働者を1人でも使用する事業はすべて強制適用ですから、複数の事業場に勤務する場合は、それぞれで労災保険が適用されます。「働き方改革」の一環として副業解禁がすすめられ、複数の事業場に勤務する労働者（以下「複数事業労働者」）は年々増加してきました。そこで、令和2年に労災保険法が改正され、給付額の算定や業務上の負荷の評価方法に見直しが加えられました。

☑ 給付額は複数事業所の合算額をもとに算出

　それまでは、実際に被災した1つの事業場の賃金額のみをもとに給付額が計算されていました。しかし実際には、すべての事業場での勤務ができなくなるわけですから、たとえば週末に数時間働いていたパート先で被災した場合などは、生活に困窮してしまうことになります。そこで、複数の事業場で働く人が被災した場合は、各就業先の事業場で支払われている賃金額を合算した額をもとに給付基礎日額が決定されることとなりました。

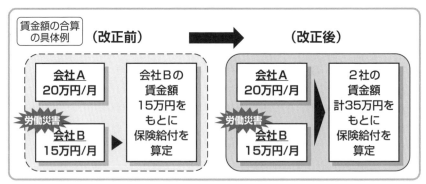

☑ 複数の事業場の業務上の負荷を総合的に評価

　業務上の負荷についても、給付額の算定方法と同様の見直しが行

なわれました。脳・心臓疾患や精神障害が発症した際、1つの事業場のみの業務上の負荷（労働時間やストレス等）を評価して業務災害に当たらない場合には、複数の事業場等の業務上の負荷を総合的に評価して労災認定できるか判断します。

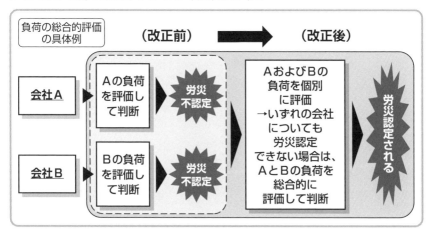

　なお、以下のケースも「複数事業労働者」として労災の給付を受けることができます。
● 1つの会社と労働契約関係にあり、他の就業について特別加入している場合
● 複数の就業について特別加入をしている場合
● 被災した時点では複数事業労働者ではないが、その原因や要因となる事由が発生した時点で、複数の会社と労働契約関係であった場合

申請する際のポイント

　改正に伴い、申請様式に「その他就業先の有無」欄が追加されています。複数事業労働者にあたる場合は、その他の事業場の労働保険番号等を記入するほか、賃金額の証明についてもそれぞれの事業場で作成する必要があります。なお、申請書は各事業場を管轄する労働基準監督署のうちいずれか1か所に提出すればOKです。

1-31 第三者行為災害とは何か？

　労災保険法でいう「第三者行為災害」とは、労働者や会社以外の**第三者の行為で発生した業務災害・通勤災害**のことをいいます。

　被災した労働者は、労災保険の給付と第三者への損害賠償請求権の2つの権利を有することになるので、どちらか1つを選ぶ必要があります。

✓ 調整のしかたには2つの方法がある

　第三者（政府、事業主および労災の受給権者以外の者）の行為で発生した業務災害や通勤災害については、被災した労働者や遺族は、その死傷等に応じた労災保険の給付を受けることができます。

　また、第三者の行為ということから、通常は**民法の不法行為**にあたり、損害賠償を請求する場合があります。

　さらに、労災事故が第三者の自動車事故によるものである場合、**自動車損害賠償責任保険の損害賠償**を受けることができます。

　労災保険の給付も民法の損害賠償も、その内容や補償額に差はあるにしても、被災労働者の死傷によって生じた損害のてん補を目的としていることは同じですから、被災労働者や遺族がその両方から給付や損害賠償を受けることができるとすると、一つの労災事故に対して二重の補償を受けることになります。

　そこで、労災保険法では、この不都合を避けるために調整を行ないます。調整については、「**求償**」と「**控除**」の2つの方法があります。どんなケースに適用するのか、それぞれみていきましょう。

✓ 「求償」による調整のしかた

　被災労働者や遺族が先に労災保険の給付を受けたときは、政府が被災労働者や遺族に代わり、直接、第三者に損害賠償を請求します。

◎第三者行為災害の「求償」と「控除」のしくみ◎

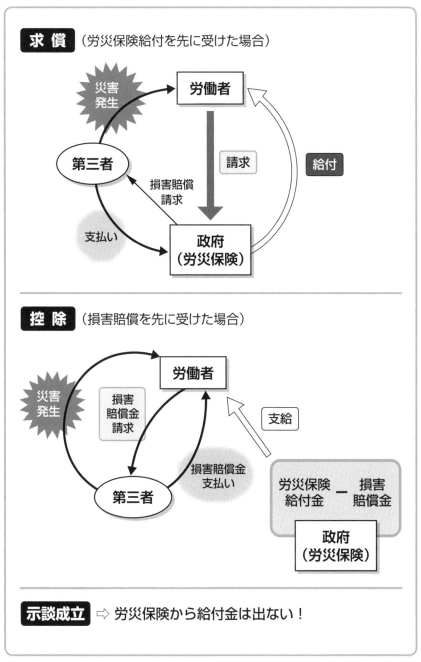

求 償 （労災保険給付を先に受けた場合）

災害
発生

労働者

第三者

請求

給付

損害賠償
請求

支払い

政府
（労災保険）

控 除 （損害賠償を先に受けた場合）

労働者

災害
発生

損害
賠償金
請求

支給

損害賠償金
支払い

第三者

労災保険
給付金
－
損害
賠償金

政府
（労災保険）

示談成立 ⇨ 労災保険から給付金は出ない！

これを、「求償」といいます。

　労災保険給付は、人的損害のてん補を目的としているため民事損害賠償と同様の性質を持っていますが、被災者等への損害のてん補は、災害の原因となった加害行為などにもとづき損害賠償責任を負う第三者が最終的には行なうべきものであると考えられます。そのため、労災保険給付が第三者の行なうべき損害賠償を結果的に政府が肩代わりした形となり、政府は労災保険給付に相当する額を第三者に請求することになっています。

　この場合、政府が取得する損害賠償請求権の範囲は、その労災事故によって権利を侵害された被災労働者や遺族が、第三者に対して請求することができる損害賠償額（慰謝料の額および物的損害に対する損害賠償の額を除く）のうち、保険給付をした価額までの金額に限られます。

　求償は、被災労働者や遺族が保険給付と同一の事由につき第三者に対して請求しうる損害賠償の額の範囲内において、**災害発生後3年以内**に支給すべき年金等についてその支払いのつど行なうこととされています。災害発生後3年を経過したときは、求償の合計額が損害賠償額に満たない場合であっても、求償は打ち切られます。

▷✓「控除」による調整のしかた

　被災労働者や遺族に第三者から先に同一の事由について損害賠償金が支払われた場合には、その賠償金額を限度として、政府は労災保険の給付を行ないません。これを、「控除」といいます。ここでいう「同一の事由について損害賠償金を受けた」とは、労災保険給付の事由と同一の事由を指し、精神的損害および物的損害を除いて、被災労働者や遺族が損害賠償額の全部または一部を得た場合をいいます。

　同一の事由により第三者から損害賠償を受け、さらに労災保険給付が行なわれると、損害が二重にてん補され、被災労働者等は実際の損害額よりも多くの支払いを受けることになります。損害賠償を

先に受けた場合、労災保険給付については同一の事由に相当する損害賠償額を差し引いて給付を行ない、損害の二重てん補が生じないようにされています。

したがって、被災労働者や遺族が、第三者から見舞金、香典等、精神的苦痛に対する慰謝料などを受けた場合には、ここでいう同一の事由について損害賠償金を受けた場合にあたりません。また、労災保険給付の対象外のもの、たとえば、自動車の修理費用、補聴器などは同一の事由によるものではないため、支給調整の対象とはなりません。

なお、受給権者である被災労働者や遺族が第三者から損害賠償を受けたときは、災害発生後7年を限度として、その支給が停止されます。

示談の取扱い

第三者行為災害の解決がいわゆる示談によってなされた場合には、当該示談が真正に成立しており、かつ、その内容が被災従業員や遺族の第三者に対して有する損害賠償請求権（保険給付と同一の事由にもとづくものに限る）の全部のてん補を目的としているときは、原則として、労災保険の給付は行なわれないこととされています。

ここがポイント！

- 先に労災保険から給付を受けたときは、政府が第三者に対し、損害賠償の請求を行なう（求償）
- 先に損害賠償金を受けたときは、政府は労災保険の支給を行なわない（控除）
- 示談が一度成立すると、労災保険の給付は行なわれないので、示談の申し出には要注意！
- 特別支給金（休業（補償）給付と同時に支払われる休業特別給付金など）については、支給調整は行なわれず、満額支給される

建設事業の労災保険の取扱いは？

労働保険には、**一元適用事業**と**二元適用事業**があります。

一元適用事業とは、労災保険と雇用保険の保険料の申告・納付等を両保険一本として行なう事業です。

一方、二元適用事業では、その事業の実態から労災保険と雇用保険の適用のしかたを区別する必要があるため、保険料の申告・納付等をそれぞれ分けて行ないます。一般的に、建設事業は二元適用事業にあたります。

✓「請負事業の一括」とは

建設事業は、元請・下請・孫請など、複雑な請負関係がある場合があります。

建設事業が数次の請負によって行なわれている場合は、賃金の把握や労働者の指揮命令などがとても複雑で面倒です。このような場合は、元請負人を使用者として、下請負人の労働者を含め現場全体を一括して保険料の納付義務を負います。これを「請負事業の一括」といいます。

ただし、下請の事業のみを行なっている場合でも、事務職や営業職がいる場合、この人たちは建設現場の労災保険の適用を受けることはできないので、別途、労災保険への加入が必要です。また、雇用保険については、元請および下請がそれぞれ届出することが必要です。

✓「有期事業の一括」とは

事業の期間が予定されている事業のことを「有期事業」といいます。

建設事業では、工事ごとに労災保険の手続きを行なわなければな

◎建設事業の有期事業の一括を行なうための要件◎

①事業主が同一人であり、かつ保険料の納付事務が1つの事務所で処理されていること

②それぞれの事業が有期事業で、かつそれぞれの事業がほかのいずれかの事業と全部または一部が同時に行なわれていること

③それぞれの事業が建設事業であり、労災保険率表による事業の種類が同じであること

④それぞれの事業の概算保険料の額が160万円未満であり、かつ請負金額が1億8,000万円未満であること

りません。ただし、小さな規模の工事では、そのつど手続きを行なっていると事務処理が煩雑になります。

　そこで、一定条件を満たす有期事業については、1つの事業とされ、保険料の申告・納付を行なうことができます。

ここがポイント！

- ●建設事業は一般的に二元適用事業に該当し、請負事業の一括や有期事業の一括が可能となる
- ●2019年4月1日より、有期事業の一括に係る地域要件が廃止された（遠隔地で行なわれるものも含め一括される）
- ●2019年4月1日より、「一括有期事業開始届」が廃止され、毎年6月1日から7月10日までに行なう年度更新にて「一括有期事業報告書」により報告すればよいことになった

精神障害の場合の労災認定とは？

　「うつ」などの精神障害を発病した原因が、仕事による強いストレスによるものと判断された場合には、労災認定を受けることができます。

　精神障害の労災認定が受けられるどうかの要件は3つほどありますが、それぞれの要件について以下、順にみていきましょう。

✓ ① 認定基準の対象となる精神障害を発病しているか

　認定基準となる精神障害は、「国際疾病分類第10回修正版（ICD-10）／第Ⅴ章　精神および行動の障害」（下表参照）に分類されるもののうち、認知症、頭部外傷、アルコール・薬物による障害以外のものです。うつ病や急性ストレス反応などは業務に関連して発病する可能性が高い代表的なものです。

◎国際疾病分類（ICD-10）の「精神および行動の障害」分類表◎

分類コード	疾病の種類
F0	症状性を含む器質性精神障害
F1	精神作用物質使用による精神および行動の障害
F2	統合失調症、統合失調症型障害および妄想性障害
F3	気分［感情］障害
F4	神経症性障害、ストレス関連障害および身体表現性障害
F5	生理的障害および身体的要因に関連した行動症候群
F6	成人のパーソナリティおよび行動の障害
F7	精神遅滞〔知的障害〕
F8	心理的発達の障害
F9	小児期および青年期に通常発症する行動および情緒の障害、特定不能の精神障害

☑ ② 業務による強い心理的負荷が認められるか

　発病前約6か月の間に起きた業務上の出来事について、「業務による心理的負荷評価表」に記載された具体的出来事に照らし、心理的負荷が強・中・弱のいずれにあたるかを判断します。評価表は厚生労働省のホームページに「心理的負荷による精神障害の認定基準について」（令和5年9月1日／基発0901第2号）の別表1として掲載されており、随時見直しが加えられています。

【具体的な評価手順】

◆「特別な出来事」に該当する出来事がある場合

　心理的負荷の総合評価は「強」と判断されます。「特別な出来事」とは、「心理的負荷が極度のもの」や「極度の長時間労働」をいい、「心理的負荷が極度のもの」には、次のような出来事が該当します。

- 生死にかかわる、極度の苦痛を伴う、または永久労働不能となる後遺障害を残す、業務上の病気やケガをした
- 業務に関連し、他人を死亡させ、または生死にかかわる重大なケガを負わせた（故意によるものを除く）
- 強姦や本人の意思を抑圧して行なわれたわいせつ行為など、セクシャルハラスメントを受けた

　また、「極度の長時間労働」とは、発病直前の1か月間におおむね160時間を超えるような、またはこれに満たない期間にこれと同程度（3週間に120時間以上など）の時間外労働を行なったことなどが該当します。

◆「特別な出来事」に該当する出来事がない場合

　以下の手順により、心理的負荷の強度を「強」「中」「弱」と評価します。

① **「具体的出来事」へのあてはめ**…業務による出来事が、心理的負荷表の「具体的出来事」のどれに当てはまるか判断します。

② **出来事の心理的負荷の総合評価**…あてはめた「具体的出来事」の欄に記載されている具体例の内容に事実関係が合致する場合には、その強度で評価します。

③**出来事が複数ある場合の全体評価**…複数の出来事が関連して生じた場合は、その全体を1つの出来事として評価します。関連しない出来事が複数生じた場合は、出来事の数、それぞれの出来事の内容、時間的な近接の程度を考慮して全体の評価をします。

◆**長時間労働がある場合**

長時間労働がある場合も、精神障害発病の原因になりうるため、以下の3通りの視点から評価します。

① **「特別な出来事」** としての **「極度の長時間労働」**…発病直前のきわめて長い労働時間を評価します。「強」になる例としては、以下があげられます。

● 発病直前1か月に、約160時間以上の時間外労働を行なった
● 発病直前3週間に、約120時間以上の時間外労働を行なった

② **「出来事」** としての**長時間労働があった場合**…発病前1か月～3か月の間の長時間労働を出来事として評価します。「強」になる例としては、以下があげられます。

● 発病直前の2か月間に連続して1か月当たり約120時間以上の時間外労働を行なった
● 発病直前の3か月間に連続して1か月当たり約100時間以上の時間外労働を行なった

③**他の出来事と関連した時間外労働**…出来事が発生した前や後に恒常的な時間外労働(月100時間程度)があった場合、心理的負荷の強度を修正する要素として評価します。「強」になる例としては、転勤して新たな業務に従事し、その後、月100時間程度の時間外労働を行なった場合などがあげられます。

▷✓ ③ 業務以外の心理的負荷による発病かどうか

仕事によるストレスが多かった場合でも、同時に私生活でのストレスや既往症・アルコール依存(個体側要因)が関係している場合には、どれが発病の原因なのかを医学的に慎重に判断する必要があります(前記、厚労省の基発通達の別表2参照)。たとえば、以下

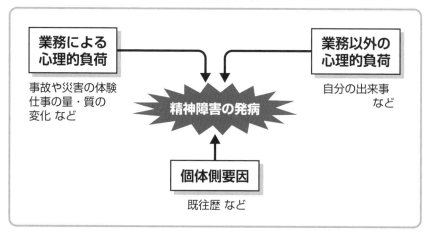

◎精神障害の発病◎

のような出来事をⅠ〜Ⅲの強度で評価し、Ⅲが複数ある場合には、それが発病の原因といえるかどうかを慎重に判断します。

●離婚、または夫婦が別居した…Ⅲ
●配偶者や子ども、親または兄弟が死亡した…Ⅲ
●多額の財産を損失した…Ⅲ
●天災や火災などにあった、または犯罪に巻き込まれた…Ⅲ
●失恋・異性関係のもつれがあった…Ⅱ

【自殺の取扱い】

　業務による心理的負荷によって精神障害を発病した人が自殺を図った場合は、精神障害によって正常な認識や行為選択能力、自殺行為を思いとどまる精神的な抑制力が著しく阻害されている状態に陥ったもの（故意の欠如）と推定され、原則として、その死亡は労災認定されます。

ここがポイント！

　精神障害の労災認定については、まず厚労省の心理的負荷評価表で検討してみる

脳疾患・心臓疾患の労災認定の可否は？

　過度の長時間労働や精神的・身体的な負荷により、脳梗塞などの「脳血管疾患」や心筋梗塞などの「心疾患」が引き起こされることがあります。しかしこれらの疾病は、一般的に加齢や食生活・生活習慣などの日常生活や遺伝などの個人に内在する要因により発症するものですから、労働者が脳・心臓疾患を発症したことのみをもって労働災害であると判断することはできません。

　そこで、発症までの一定期間における労働時間や精神的・身体的な負荷、勤務体系などの状況を調査し、「業務による明らかな過重負荷」を受けたと判断される場合に、労災保険の補償対象とすることとなっています。

脳疾患・心臓疾患の認定基準

　まず、労災保険の補償の対象となる疾病は下図のとおりです。

```
┌─────────( 脳・心臓疾患 )─────────┐
│                                        │
│   脳血管疾患           虚血性心疾患等   │
│    脳内出血              心筋梗塞        │
│   くも膜下出血         狭心症・心停止    │
│    脳梗塞               重篤な心不全     │
│   高血圧性脳症         解離性大動脈瘤    │
│                                        │
└────────────────────────────────────────┘
```

　次に、労災と認定されるかどうかは以下の3つの要素で判断されます。

```
┌──────( 業務による明らかな過重負荷 )──────┐
│ ①長期間の過重業務  ②短期間の過重業務  ③異常な出来事 │
└──────────────────────────────────────────┘
```

　過重労働によるストレスは目に見えないものですから、外傷の場合と比べて労災認定のハードルは高いと言わざるを得ません。できる限り適正に業務上の負荷を判断するために、3つの要素のそれぞれについて具体的な基準が定められています。順にみていきましょう。

長期間の過重業務

　発症前の長期間（おおむね6か月間）にわたって著しい疲労の蓄積をもたらす、特に過重な業務に就労したことがあれば、労災と認定される可能性があります。

　日常的に長時間労働や身体的・精神的な負荷があるときは、労働者の身体には次第に「疲労の蓄積」が生じます。そして、これが動脈硬化などの血管病変を自然経過を超えて著しく増悪させ、脳・心臓疾患を発症させる原因となる場合があるのです。

　そのため労災の認定にあたっては、発症前の一定期間の勤務実態をもとに発症時の疲労の蓄積がどの程度であったかを推測し、業務と発症の関連性を判断します。具体的な判断基準をみていきましょう。

【労働時間の評価】

　長時間労働は、「疲労の蓄積」をもたらす最も重要な要因と考えられており、業務と発症の関連度は以下の3点を踏まえて判断されます。

---

❶発症前1か月間ないし6か月間にわたって、1か月当たりおおむね45時間を超える時間外労働が認められない場合は、業務と発症との関連性が弱いと評価できる

❷おおむね45時間を超えて時間外労働時間が長くなるほど、業務と発症との関連性が徐々に強まる

❸発症前1か月間におおむね100時間または発症前2か月間ないし6か月間にわたって、1か月当たりおおむね80時間を超

える時間外労働が認められる場合は、業務と発症との関連性が強いと評価できる

❸の「発症前２か月間ないし６か月間」とは、発症前「２か月間」と「３か月間から６か月間まで」のいずれかの期間をいいます。つまり、以下のような場合には、いずれも業務と発症との関連性が強いと評価されます（H＝時間）。

【労働時間と労働時間以外の負荷要因の総合的な評価】

上記❸の水準には至らないが、これに近い時間外労働が認められる場合には、特に他の負荷要因の状況を十分に考慮し、そのような時間外労働に加えて一定の労働時間以外の負荷が認められるときには、業務と発症との関連性が強いと評価できる

不規則な勤務体系や著しく気温が高い・低い環境での業務なども「疲労の蓄積」の要因となります。そこで、労働時間のみにとらわれることなく、その他の負荷要因（詳細は次の②を参照）についても総合的に考慮することとされています。

労働時間＋労働時間以外の負荷要因 → 総合的に考慮して判断

②短期間の過重業務

　発症に近接した時期（おおむね1週間）において、特に過重な業務に就労したことがあるかを検討します。「特に過重な業務」とは、日常業務（通常の所定労働時間内の所定業務）に比較して、特に過重な身体的・精神的負荷を生じさせたと客観的に認められるような業務を指します。

【過重負荷の有無の判断】

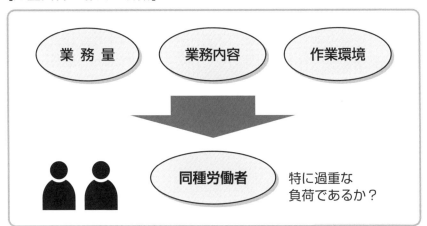

　過重負荷の有無を判断する際には、業務量・業務内容・作業環境等を考慮し、同種労働者にとっても特に過重な身体的、精神的負荷と認められる業務であるか否かという観点から、客観的かつ総合的に判断します。「同種労働者」とは、脳・心臓疾患を発症した労働者と職種・職場における立場や職責・年齢・経験等が類似する者をいいます。身体の強さや物事の受け止め方は人それぞれ違いがありますから、"一般的に"「過重な業務」といえるかを慎重に判断するというわけです。

　なお、負荷要因としては労働時間のほか、以下に示す労働時間以外の要因についても十分に検討します。

●拘束時間の長い業務、休日のない連続勤務

●人命を左右しかねない重大な判断が求められるなど、日常的に心

理的負荷を伴う業務

●達成困難なノルマが課された、パワーハラスメントを受けたなど、心理的負荷を伴う出来事が発生した

そのほかの具体例については、厚生労働省のホームページに掲載されている「脳・心臓疾患の労災認定」のうち、「労働時間以外の負荷要因」の項目を確認してください。

【業務と発症の時間的関連性】

業務による過重な負荷は発症に近いほど影響が強いと考えられることから、以下の点を考慮して判断します。

●発症直前から前日までの間の業務が特に過重であるか否か

●発症直前から前日までの間の業務が特に過重であると認められない場合であっても、発症前おおむね1週間以内に過重な業務が継続している場合には、業務と発症との関連性があると考えられるので、この間の業務が特に過重であるか否か

③異常な出来事

発症直前から前日までの間において、発生状態を時間的および場所的に明確にし得る異常な出来事に遭遇した場合は、業務と発症に関連があると判断される可能性があります。「異常な出来事」とは以下のとおりです。

---

❶**精神的負荷**………極度の緊張、興奮、恐怖、驚がく等の強度の精神的負荷を引き起こす事態

❷**身体的負荷**………急激で著しい身体的負荷を強いられる事態

❸**作業環境の変化**…急激で著しい作業環境の変化

具体的には、❶は業務に関連した重大な人身事故に直接関与した場合や生命の危険を感じさせるような対人トラブル、❷では消火作業や除雪作業、❸では著しく暑熱もしくは寒冷な作業環境などが該当します。

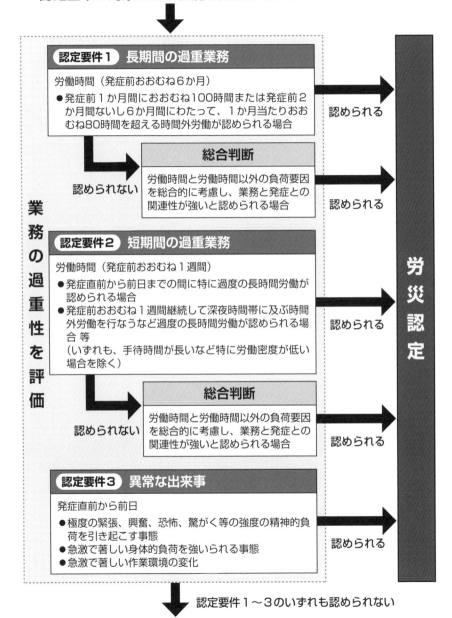

◎脳・心臓疾患の労災認定フローチャート◎

認定基準の対象となる疾病を発症している

業務の過重性を評価

認定要件1　長期間の過重業務

労働時間（発症前おおむね6か月）
- ●発症前1か月間におおむね100時間または発症前2か月間ないし6か月間にわたって、1か月当たりおおむね80時間を超える時間外労働が認められる場合

認められる

認められない

総合判断

労働時間と労働時間以外の負荷要因を総合的に考慮し、業務と発症との関連性が強いと認められる場合

認められる

認定要件2　短期間の過重業務

労働時間（発症前おおむね1週間）
- ●発症直前から前日までの間に特に過度の長時間労働が認められる場合
- ●発症前おおむね1週間継続して深夜時間帯に及ぶ時間外労働を行なうなど過度の長時間労働が認められる場合 等
（いずれも、手待時間が長いなど特に労働密度が低い場合を除く）

認められる

認められない

総合判断

労働時間と労働時間以外の負荷要因を総合的に考慮し、業務と発症との関連性が強いと認められる場合

認められる

認定要件3　異常な出来事

発症直前から前日
- ●極度の緊張、興奮、恐怖、驚がく等の強度の精神的負荷を引き起こす事態
- ●急激で著しい身体的負荷を強いられる事態
- ●急激で著しい作業環境の変化

認められる

労災認定

認定要件1〜3のいずれも認められない

労災にはなりません

1-35 仕事中に腰を痛めたら労災認定される？

　通常のケガの場合とは異なり、「腰痛」が労災と認められるのは、かなり難しいというのが現状です。

　腰痛は、業務上の原因以外にも、加齢による骨の変化や運動不足からくるもの、日常的な動作によって発症するもの、持病の腰痛が業務と関係なく悪化したものなどのケースも想定されるため、本当に仕事中の動作が原因で発症したかどうかの判断が難しいからです。

　そこで、厚生労働省では「業務上腰痛の認定基準」という基準を定めています。

☑ 労災と認められる「腰痛」の条件

　労災と認められる腰痛には、２つの種類があります。

①**災害性の原因による腰痛**（突発的な出来事が原因で発症したもの）
　次のいずれの要件も満たした場合は、労災の補償対象になります。

●腰の負傷またはその負傷の原因となった急激な力の作用が、仕事中の突発的な出来事によって生じたことが明らかなこと

●腰に作用した力が腰痛を発症させ、または腰痛の既往症・基礎疾患を著しく悪化させたと医学的に認められること

②**災害性の原因によらない腰痛**（突発的な出来事が原因ではないもの）

●重量物を常に取り扱う仕事など、腰に過度に負担のかかる仕事に従事している労働者が発症した腰痛で、作業の状態や期間を考えて仕事が原因で発症したと認められるもの

　なお、「ぎっくり腰」（正式な病名は「急性腰痛症」）については、日常的な動作のなかで発症するので、仕事中に発症したとしても基本的には労災保険の対象とはなりません。ただし、発症したときの動作や姿勢の異常性など、腰への強い力の作用があった場合には、

◎腰痛が労災認定される場合とは◎

①災害性の原因によるもの

例）重量物を持ち上げるときに、不適当な姿勢になった

②災害性の原因によらないもの（短期間）

➡ 約3か月以上、業務に従事したことによる
筋肉等の疲労が原因

例）長時間立ち上がることができず、同一の姿勢を持続して行なう業務
（長距離トラックの運転など）

例）毎日、数時間程度、腰にきわめて不自然な姿勢を保持して行なう業務（配電工など）

③災害性の原因によらないもの（長期間）

➡ 約10年以上にわたり、継続して従事したことによる
骨の変化が原因

例）約30kg以上の重量物を、労働時間の3分の1程度以上に及び取り扱う業務

例）約20kg以上の重量物を、労働時間の半分程度以上に及び取り扱う業務

業務上の原因と認められることがあります。会社側で一方的に判断せずに、申請を行なって労働基準監督署の審査を待ちましょう。

本人や会社に聞き取り調査が入る場合もありますが、それでも仕事による原因かどうかの判断が難しい場合は、後日、「腰痛等の災害発生に関する発生報告書」という書類を渡される場合があります。「なぜ、その腰痛が発生したのか」を詳しく記入する書類です。会社の証明欄もあるので、従業員から依頼があったときは速やかに確認して記入するようにしましょう。

ここがポイント！

腰痛はさまざまな理由で発症するので、労災認定の判断は難しい

1-36 パワーハラスメントは 労災認定されるのか？

　職場におけるパワーハラスメント（パワハラ）が近年、急増しています。

　都道府県労働基準局等に寄せられている紛争に関する相談件数をみてみると、平成24年度以降、「いじめ・嫌がらせ」が常にトップとなっています。

✓ 職場におけるパワハラとは

　同じ職場で働く人に対して、「職務上の地位」や、人間関係や専門知識などさまざまな「職場内の優位性」を背景に、業務の適正な範囲を超えて、精神的・身体的苦痛を与えることや職場環境を悪化させる行為を「パワハラ」といいます。

　職場におけるパワハラは、上司から部下への行為だけではなく、先輩・後輩間や同僚同士、さらには部下から上司に対して行なわれることもあります。

✓ 労災の認定基準はどうなっているか

　職場で起きたパワハラが精神疾患の原因になった場合は、業務災害と認定され、労災保険の給付対象となることがあります。

　業務災害と認定されるには、業務と傷病等の間に、業務遂行性と業務起因性（28ページ参照）が認められる必要があります。

　また、一般的に精神疾患に対する労災認定の判断は、次の3つの要件を満たすことが必要とされています。

---

　①認定基準の対象となる精神障害を発病していること
　②認定基準の対象となる精神障害の発病前おおむね6か月の間
　　に業務による強い心理的負荷が認められること

◎厚労省が定めた「職場のパワハラ」の６つの類型◎

類　型	代表例
身体的な攻撃	暴行・傷害
精神的な攻撃	脅迫、名誉棄損、侮辱、ひどい暴言
人間関係からの切り離し	隔離・仲間外し・無視
過大な要求	業務上明らかに不要なことや遂行不可能なことの強制、仕事の妨害
過小な要求	業務上の合理性なく、能力や経験とかけ離れた程度の低い仕事を命じることや、仕事を与えないこと
個の侵害	私的なことに過度に立ち入ること

③**業務以外の心理的負荷や個人的な要因により発病したと認められないこと**

　心理的負荷による精神障害の労災認定は「業務による心理的負荷評価表」にもとづいて行なわれますが、具体的な出来事として「上司等から、身体的攻撃、精神的攻撃等のパワーハラスメントを受けた」という項目が定められています。心理的負荷が「強」とされる具体例には、「治療を要する程度の暴行等の身体的攻撃」「人格や人間性を否定するような、業務上明らかに必要性がないまたは業務の目的を大きく逸脱した精神的攻撃」などがあげられています。

ここがポイント！

　職場でのパワハラが原因で精神疾患にかかった場合は、労災の認定を受けることができるが、その判断は簡単ではない

「ストレスチェック」とは何か？

　「ストレスチェック」とは、会社が労働者に対して行なう心理的な負担の程度を把握するための検査のことをいいます。

　ストレスチェックにより、労働者が自分のストレスの状態を知ることで、ストレスをため過ぎないように対処したり、ストレスが高い状態の場合は医師の面接を受けて助言を得たり、会社に仕事の軽減などの措置を実施してもらったり、職場の改善につなげたりすることで、「うつ」などのメンタルヘルス不調を未然に防止するためのしくみです。

　従業員数が50人以上の事業場では、1年以内ごとに1回以上、ストレスチェックを実施し、その結果を所轄の労働基準監督署に報告する義務があります。

✓ ストレスチェックとはどのような制度か

①ストレスチェックの実施について

　ストレスチェックの実施者となれる者は、医師、保健師のほか、一定の研修を受けた看護師、精神保健福祉士です。

　ストレスチェックの調査票は、「仕事のストレス要因」「心身のストレス反応」および「周囲のサポート」の3つの領域をすべて含むものとします。具体的な項目数や内容は、事業者自ら選定することが可能ですが、国が推奨する調査票は、「職業性ストレス簡易調査票」（57項目）とされています。

②集団分析の努力義務化

　職場の一定規模の集団（部、課など）ごとのストレス状況を分析し、その結果を踏まえて職場環境を改善することが努力義務とされています。

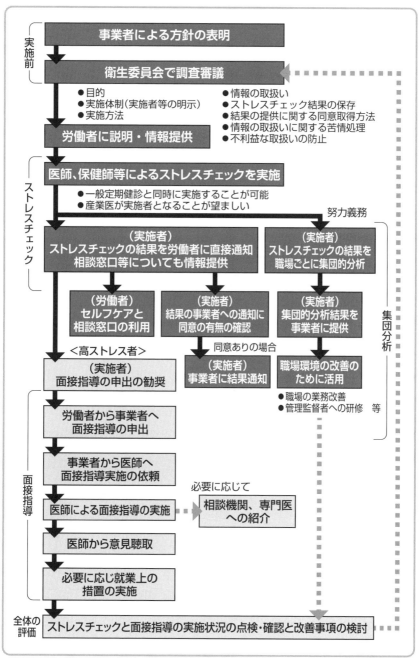

◎ストレスチェックと面接指導の実施に係る流れ◎

③労働者に対する不利益取扱いの防止について

　ストレスチェックを受けない者、事業者への結果提供に同意しない者、面接指導を申し出ない者に対する不利益取扱いや、面接指導の結果を理由とした解雇、雇止め、退職勧奨、不当な配転・職位変更などは禁止されています。

　なお、ストレスチェックと面接指導を実施する際の手続き等の流れについては、厚生労働省が公表している前ページの図を参照してください。

　なお、実施義務が生じる労働者数は「事業場」ごとに判断されるため、本社、支店、工場などのそれぞれで実施する必要があります。

ここがポイント！

- ●ストレスチェックは、1年以内ごとに1回以上実施する
- ●実施者は、産業医に任せるのが安心
- ●ストレスチェックの結果は、労働者の同意がないと、会社は把握できない
- ●ストレスチェックの実施に同意しないことを理由とした不利益取扱いは禁止されている
- ●ストレスチェック実施状況は労働基準監督署に報告する

安心して手続きできる！
···

届出書・申請書の
間違いのない書き方

「労働保険 保険関係成立届（継続）」の書き方

提出目的

　1人でも労働者を雇う事業（農林水産等の一部の事業を除く）は、労災保険制度の適用事業となります。適用事業は、加入手続きとして、「労働保険　保険関係成立届」を提出しなければなりません。

　労災保険は、原則として本社・支社・店舗・工場・事務所などの「事業場単位」での適用となるため、各事業場単位で届出が必要となります。

　この加入手続きを怠った期間中に労災事故が生じた場合、事業主はさかのぼって労働保険料と追徴金が徴収されることになります。また、被災労働者が受給した保険給付額の全部または一部も徴収される場合があります（費用徴収制度）。適用事業に該当したときは、適正に加入手続きを行ないましょう。

提出書類等

● 「労働保険　保険関係成立届（継続）」
● 「労働保険　概算保険料申告書（継続事業）」
　（保険関係成立日から50日以内に申告・納付するものですが、保険関係成立届と同時に提出し、その年度分の労働保険料を申告するようにしましょう。書き方は104〜105ページ参照）
●事業の所在地や名称が確認できる書類（登記簿謄本や賃貸借契約書（写）など）

提出先

事業所を管轄する労働基準監督署

いつまでに

保険関係が成立した日から10日以内

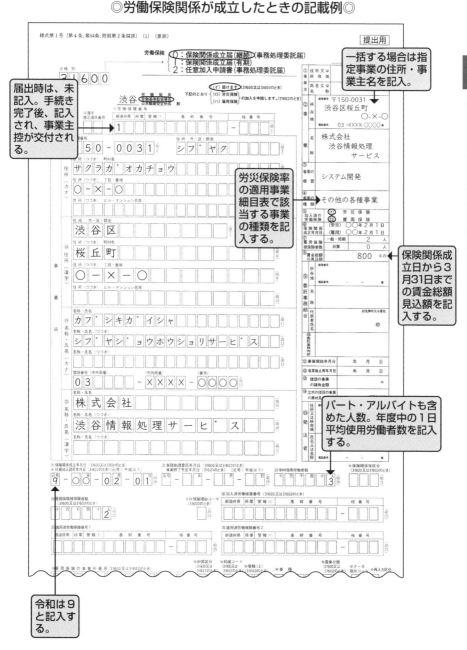

◎労働保険関係が成立したときの記載例◎

様式第1号（第4条、第64条、附則第2条関係）（1）（表面）

提出用

労働保険 {
- ：保険関係成立届（継続）（事務処理委託届）
- 1：保険関係成立届（有期）
- 2：任意加入申請書（事務処理委託届）
}

一括する場合は指定事業の住所・事業主名を記入。

届出時は、未記入。手続き完了後、記入され、事業主控が交付される。

労災保険率の適用事業細目表で該当する事業の種類を記入する。

保険関係成立日から3月31日までの賃金総額見込額を記入する。

〒150-0031
渋谷区桜丘町
○-×-○
03-XXXX-○○○○

株式会社
渋谷情報処理
サービス

システム開発

その他の各種事業

| ④加入済の労働保険 | （労災）○○年2月1日 |
| | （雇用）○○年2月1日 |

保険関係成立年月日
（労災）○○年2月1日
（雇用）○○年2月1日

一般・期間　2　人
日雇　　　 0　人

賃金総額の見込額　800千円

パート・アルバイトも含めた人数。年度中の1日平均使用労働者数を記入する。

令和は9と記入する。

9 - ○○ - 02 - 01

3

2

株式会社
渋谷情報処理サービス

50-0031 シフ゛ヤク
サクラカ゛オカチョウ
○-×-○
渋谷区
桜丘町
○-×-○
カフ゛シキカ゛イシャ
シフ゛ヤシ゛ョウホウショリサーヒ゛ス
03-XXXX-○○○○

101

提出目的

　労働保険の保険関係成立届（継続）は、本社・支社など事業所ごとに届け出ます。通常、保険関係成立届を提出した事業所ごとに保険料の申告・納付を行なわなければなりません。

　しかし、一定要件のもと保険料の申告・納付に関しては、複数の事業所を一括して行なうことが可能です。その場合は、継続事業一括認可申請が必要となります。

継続事業の一括ができる要件

①それぞれの事業の事業主が同一であること

②それぞれの事業が継続事業であり、一元適用事業または二元適用事業の同じ保険関係が成立していること

③それぞれの事業の労災保険率表での事業の種類が同じであること

　一括の認可を受けると、保険料の納付・申告の事務処理をする本社などが「指定事業」となり、それ以外の事業所は「被一括事業」となります。

提出書類等

● 「労働保険　継続事業一括認可・追加・取消申請書」

● 被一括となる事業の「労働保険　保険関係成立届」（あらかじめ被一括事業の所在地を管轄する労働基準監督署に提出が必要）

提出先

指定事業を管轄する労働基準監督署

いつまでに

随時

◎事業一括を追加申請する場合の記載例◎

様式第5号(第10条関係)

労働保険
継続事業一括認可・追加・取消申請書

提出用

種別

| 3 | 1 | 6 | 4 | 0 | | |

※修正項目番号

①下記のとおり継続事業の一括に係る　新規・認可の取消・**認可の追加**　の申請をします。

> 新規、認可の取消、認可の追加のいずれかを丸で囲む。

指定を受けることを希望する事業又は既に指定を受けている事業

③労働保険番号

府県	所掌	管轄(1)	基幹番号			枝番号	
1 3	1 0	△	0 0 2 0 0 1	-	0 0 0		⑫

④申請年月日(元号:平成は4)

| 元号 | | - | | | - | | |

④所在地　渋谷区桜丘町○-×-○

⑤名称　株式会社渋谷情報処理サービス

郵便番号 150 -0031

⑥保険関係成立区分 (イ)労災・雇用 (ロ)労災 (ハ)雇用

事業の種類 (労災保険率表による)

電話番号 03-××××-○○

> 本社など、労働保険料の申告・納付事務を一括して行なう「指定事業」を記入する。

申請書の指定事業に一括される又は一括を取消される事業

1

⑧労働保険番号

府県	所掌	管轄(1)	基幹番号			枝番号	
1 3 1	△	2 0 0 1 0 2 0		-	0 0 0		⑫③

※認可コード ⑫④

※管轄(2) ⑫⑤

⑨所在地　東京都墨田区押上×-×-○

郵便番号

⑩保険関係成立区分 (イ)労災・雇用 (ロ)労災 (ハ)雇用

⑪事業の種類 (労災保険率表による) その他各種事業

⑨名称　株式会社渋谷情報処理サービス墨田支店

電話番号 03-○○○○-××××

> 支店や営業所など、一括される「被一括事業」を記入する。

2

⑬労働保険番号

府県	所掌	管轄(1)	基幹番号			枝番号	
				-			⑫⑦

※認可コード ⑫⑧

※管轄(2) ⑫⑨

⑯整理番号 ⑫⑩

⑮所在地

郵便番号

⑰保険関係成立区分 (イ)労災・雇用 (ロ)労災 (ハ)雇用

⑱事業の種類 (労災保険率表による)

⑮名称

電話番号

> 保険関係成立届の提出により付与された労働保険番号を記入する。

3

⑱労働保険番号

府県	所掌	管轄(1)	基幹番号			枝番号	
				-			⑫⑫

※認可コード ⑫⑫

※管轄(2) ⑫⑬

⑲整理番号 ⑫⑭

⑳所在地

郵便番号

㉒保険関係成立区分 (イ)労災・雇用 (ロ)労災 (ハ)雇用

㉓事業の種類 (労災保険率表による)

⑳名称

電話番号

4

㉔労働保険番号

府県	所掌	管轄(1)	基幹番号			枝番号	
				-			⑫⑮

※認可コード ⑫⑯

※管轄(2) ⑫⑰

㉕整理番号 ⑫⑱

所在地

郵便番号

㉖保険関係成立区分 (イ)労災・雇用 (ロ)労災 (ハ)雇用

㉗事業の種類 (労災保険率表による)

名称

電話番号

※認可・取消年月日(元号:平成は7、新元号は9)

| 元号 | | - | 年 | | - | 月 | | 日 | ⑫㉓ |

※データ指示コード

| | ⑫㉔ |

1 新規申請 3 追加の申請 5 認可の取消し

※修正項目

| | | | | | | | |

東京 労働局長　殿

事業主

住所　渋谷区桜丘町○-×-○
　　　株式会社渋谷情報処理サービス
氏名　代表取締役　堀川　敦
　　　(法人のときはその名称及び代表者の氏名)

「労働保険 概算保険料申告書（継続事業）」の書き方

提出目的

　概算保険料は、①労働保険の保険関係が成立したときに、その労働保険年度に支払われる賃金総額見込額をもとに労働保険料を計算して申告・納付。②本年度以前に労働保険が成立している場合は、労働保険年度の初めにその年度の賃金総額見込額と前年度の賃金支払総額をもとに労働保険料を計算して精算し、一般拠出金とともに申告・納付を行ないます（労働保険の年度更新）。

労働保険関係が成立した年度の手続き方法

- 労働保険関係が成立した日から３月31日までの賃金総額見込額（1,000円未満切捨て）を算出する
- 賃金総額見込額に労災保険率・雇用保険料率をかけて概算保険料を計算する
- 概算保険料を申告後、納付書にて保険料を納付する

提出書類等

「労働保険 概算・増加概算・確定保険料申告書（継続事業）」

提出先

指定事業を管轄する労働基準監督署

いつまでに

申告・納付は、保険関係成立日から50日以内

（本年度以前に労働保険関係が成立している場合は、労働保険年度の６月１日から７月10日までの間に年度更新）

（※）保険料を自動引き落としにする場合は別途、引落日が決められています。また、労働保険料が一定額以上の場合、延納する（分割して保険料を納める）ことが可能です。

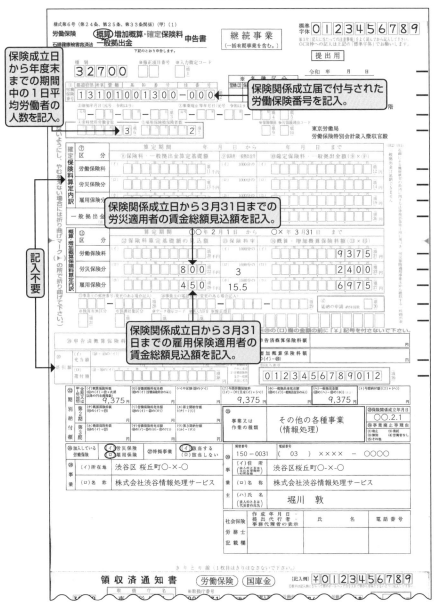

2-4 「療養（補償）給付たる療養の 給付請求書」の書き方

提出目的

　労働者が業務または通勤が原因でケガをしたり病気にかかった場合は、治癒するまで労災保険から療養（補償）給付を受けることができます。ここでいう治癒とは、完全に元の状態に回復した状態ではなく、症状が安定してこれ以上、医療効果が期待できない場合をさします（64ページ参照）。

　療養（補償）給付には、「療養の給付」と「療養の費用の支給」があります。「療養の給付」は、労災病院や指定医療機関・薬局等に所定の書類を提出し、以下の給付を無料で受けることができます。

- ●診察
- ●薬剤・治療材料の支給
- ●処置・手術その他の治療
- ●居宅における療養上の管理およびその療養に伴う世話その他の看護
- ●病院・診療所への入院およびその療養に伴う世話その他の看護
- ●移送

提出書類等

- ●業務災害の場合…「療養補償給付たる療養の給付請求書」（様式第5号）
- ●通勤災害の場合…「療養給付たる療養の給付請求書」（様式第16号の3）

提出先

療養を受けた指定医療機関等を経由して被災労働者が所属する事業所を管轄する労働基準監督署

いつまでに

すみやかに

106

◎業務災害の場合の記載例◎

■ 様式第5号(表面) 労働者災害補償保険
業務災害用
複数業務要因災害用
療養補償給付及び複数事業労働者
療養給付たる療養の給付請求書

裏面に記載してある注意事項をよく読んだ上で、記入してください。

標 準 字 体	0 1 2 3 4 5 6 7 8 9 ゛ ゜ ー
	ア イ ウ エ オ カ キ ク ケ コ サ シ ス セ ソ タ チ ツ テ ト ナ ニ ヌ
	ネ ノ ハ ヒ フ ヘ ホ マ ミ ム メ モ ヤ ユ ヨ ラ リ ル レ ロ ワ ン

※ 帳票種別 **3 4 5 9 0**　①管轄局署　②業通別 **1**　③保留　⑥処理区分　⑦受付年月日

⑤労働保険番号 **1 3 1 0 0 0 0 3 0 0 0 0 0 0**

> 労働保険番号は、必ず記入すること。

金決定年月日

⑧性別 **3**　⑨労働者の生年月日 **5 4 5 1 1 0 1**　⑩負傷又は発病年月日 **9 0 0 4 0 1**　㉒請求・再発年月日

> 負傷または発病年月日は、正確に記入すること。

> 労災発生時に、その事実を現認した人または労災発生の報告を初めて受けた人を記入する。

⑫労働者 シメイ(カタカナ) **オカモト　ヒロコ**

氏名　**岡本　浩子**　(××歳)

郵便番号 **1 3 0 - 0 0 2 4**　フリガナトウキョウト　スミダク　**東京都　墨田区**

住所　キクカワ　**菊川　○-○-○**

職種　**経理事務**

⑰負傷又は発病の時刻　午前 **3**時**00**分頃

職名 **事務長**　氏名 **多田　洋子**

⑱災害の原因及び発生状況　(あ)どのような場所で(い)どのような作業をしているときに(う)どのような物又は環境に(え)どのような不安全な又は有害な状態があって(お)どのような災害が発生したか(か)⑩と初診日が異なる場合はその理由を詳細に記入すること

経理部内にある書庫で棚上部に収納されている帳簿を取り出すために
高さ76cmの脚立に乗って作業していたところ、バランスを崩して転落し、
左足首を捻挫した。

> どのような場所で、どのような作業をしているときに、どのような物・環境に不安全または有害な状態があって、どのような災害が発生したのか、明確に記入する。

⑳指定病院等の　名称　**京島労災病院**　所在地　**墨田区京島○-○-○**

㉑傷病の部位及び状態　**左足首捻挫**

㉒の者については、⑩、⑰及び⑱に記載したとおりであることを証明します。　**○○** 年 **4** 月 **1** 日

事業の名称　**墨田区京島○-×-△**　電話(**03**) **3617** -**××××**

事業場の所在地　**山根産業株式会社**　〒 **131 - 0046**

事業主の氏名　**代表取締役　山根　正一**
(法人その他の団体であるときはその名称及び代表者の氏名)

労働者の所属事業場の名称・所在地　電話(　)

(注意) 1 労働者の所属事業場の名称・所在地については、労働者が直接所属する事業場が一括適用の取扱いを受けている場合に、労働者が直接所属する支店、工事現場等を記載してください。
　　　 2 派遣労働者について、療養補償給付又は複数事業労働者療養給付のみの請求がなされる場合にあっては、派遣先事業主は、派遣元事業主が証明する事項の内容が事実と相違ない旨裏面に記載してください。

上記により療養補償給付又は複数事業労働者療養たる療養の給付を請求します。　**○○** 年 **4** 月 **1** 日

墨田 労働基準監督署長 殿

京島労災 病院 診療所 薬局 訪問看護事業者 経由

〒 **130 - 0024**　住所 **墨田区菊川○-○-○**　電話(**03**) **3617** -**××××**　(　)方

請求人の　氏名 **岡本　浩子**

様式第5号(裏面)

> 複数の事業場に勤務する場合は、忘れずに記入する。

㉒その他就業先の有無	
有　有の場合のその数(ただし表面の事業場を含まない) **1** 社	有の場合でいずれかの事業で特別加入している場合の特別加入状況(ただし表面の事業を含まない)
無	労働保険事務組合又は特別加入団体の名称 **○×事務組合**
労働保険番号(特別加入) **1 3 1 0 0 9 9 9 9 9 9 0 0 0**	加入年月日 **202×** 年

> 副業先で特別加入している場合は記入する。

◎通勤災害の場合の記載例①◎

■ 様式第16号の3(表面) 労働者災害補償保険

通勤災害用

療養給付たる療養の給付請求書

裏面に記載してある注意事項をよく読んだ上で、記入してください。

標準字体 0 1 2 3 4 5 6 7 8 9 ° ー
ア イ ウ エ オ カ キ ク ケ コ サ シ ス セ ソ タ チ ツ テ ト ナ ニ ヌ
ネ ノ ハ ヒ フ ヘ ホ マ ミ ム メ モ ヤ ユ ヨ ラ リ ル レ ロ ワ ン

※ 帳票種別	①管轄局署	②業通別	※保留	⑥処理区分	④受付年月日
3 4 5 9 0		3 1業通			

⑤労働保険番号　府県 所掌 管轄 基幹番号 枝番号
1 3 1 0 0 0 0 0 3 0 0 0 0 0

年金証書番号記入欄

㉓兼業　※

⑦支給・不支給決定年月日　※

⑧性別　1男2女
1

⑨労働者の生年月日
5 5 2 0 6 1 5

⑩負傷又は発病年月日
9 0 0 4 0 2

⑪再発年月日　※

⑬三者　⑭特疾　特別加入者　※

⑫労働者の 氏名 (カタカナ)
ス キ ゛ ウ ラ　ヒ ロ シ

氏名　杉浦 洋　　　(○○歳)

郵便番号　1 9 4 - 0 0 1 3

フリガナ マチダ シハラマチダ
住所　町田市原町田○-○-○

職種　営業

⑰第三者行為災害
該当する　該当しない

⑰欄は第三者行為災害について丸で囲む。

⑲通勤災害に関する事項　裏面のとおり

⑳指定病院等の
名称　町田東病院　電話(042) 720 -××××
所在地　町田市原町田×-×-×　〒 194 - 0013

㉑傷病の部位及び状態　右足首骨折

⑫の者については、⑩及び裏面の(ロ)、(ハ)、(ニ)、(ホ)、(ト)、(チ)、(リ)(通常の通勤の経路及び方法に限る。)及び(ヲ)に記載したとおりであることを証明します。

○○ 年 4 月 2 日

事業の名称　山本産業株式会社　電話(042) 648 -××××

事業場の所在地　八王子市子安町○-×-×　〒 192 - 0904

事業主の氏名　代表取締役 山本 毅
(法人その他の団体であるときはその名称及び代表者の氏名)

労働者の所属事業
場の名称・所在地　　電話(　)　-

(注意) 1 事業主は、裏面の(ロ)、(ハ)及び(リ)については、知り得なかった場合には証明する必要がないので、知り得なかった事項の符号を消してください。
2 労働者が直接所属する事業場が一括適用の取扱いを受けている場合に、労働者が直接…
3 派遣労…場合にあっては、派遣先事業主は、派遣元事業主が証明する事項の記載…内容が事…

一括適用を受けている場合は、被災労働者の所属事業場所を記入する。

上記により療養給付たる療養の給付を請求します。

○○ 年 4 月 2 日

八王子 労働基準監督署長 殿

町田東　診療所　原薬局　経由
訪問看護事業者

請求人の
〒 194 - 0013　電話(042) 720 -○○×○
住所　町田市原町田○-○-○　(　方)
氏名　杉浦 洋

支不支給決定決議書	署長	副署長	課長	係長	係	決定年月日	
							不支給の理由
	調査年月日						
	復命書番号　第　号　第　号　第　号						

108

◎通勤災害の場合の記載例②◎

様式第16号の3(裏面)　　　　　　　　通勤災害に関する事項

(イ)	災害時の通勤の種別 (該当する記号を記入)	イ	イ．住居から就業の場所への移動　　ロ．就業の場所から住居への移動 ハ．就業の場所から他の就業の場所への移動 ニ．イに先行する住居間の移動　　ホ．ロに接続する住居間の移動				
(ロ)	負傷又は発病の年月日及び時刻			○○年 4 月 2 日	午前 8 時10分頃		
(ハ)	災害発生の場所	町田市原町田×-○-○	(ニ)(災害時の通勤の種別がハに該当する場合は移動の終点たる就業の場所)		八王子市子安町 ○-×-×		
(ホ)	就業開始の予定年月日及び時刻 (災害時の通勤の種別がイ、ハ又はニに該当する場合は記載すること)			○○年 4 月 2 日	午前 9 時00分頃		
(ヘ)	住居を離れた年月日及び時刻 (災害時の通勤の種別がイ、ニ又はホに該当する場合は記載すること)			○○年 4 月 2 日	午前 8 時00分頃		
(ト)	就業終了の年月日及び時刻 (災害時の通勤の種別がロ、ハ又はホに該当する場合は記載すること)			年 月 日	午前後 時 分頃		
(チ)	就業の場所を離れた年月日及び時刻 (災害時の通勤の種別がロ又はハに該当する場合は記載すること)			年 月 日	午前後 時 分頃		

(リ)	災害時の通勤の種別に関する移動の通常の経路、方法及び所要時間並びに災害発生の日に住居又は就業の場所から災害発生の場所に至った経路、方法、所要時間その他の状況	町田駅 　　自宅 自宅 徒歩 町田駅 JR 八王子駅 会社 15分　　　30分　　　　10分 〔通常の通勤所要時間　1 時間 00 分〕
(ヌ)	災害の原因及び発生状況 (あ)どのような場所を (い)どのような方法で移動している際に (う)どのような物で又はどのような状況において (え)どのようにして災害が発生したか (お)(お)の初診日が異なる場合はその理由を簡明に記載すること	出勤のため、自宅から町田駅に向かう途中の歩道に段差があり、その段差につまずき転倒。右足首を骨折した。
(ル) 現認者の	住所	町田市原町田×-×-○
	氏名	山田 佳代　　　　　　　電話(042)720-×○○×
(ヲ)	転任の事実の有無 (災害時の通勤の種別がニ又はホに該当する場合)	有 ・ 無　(ワ) 転任直前の住居に係る住所	

⑩健康保険日雇特例被保険者手帳の記号及び番号			
	㉒その他就業先の有無		
有・無	有の場合のその数 (ただし表面の事業場を含まない) 社	有の場合でいずれかの事業で特別加入している場合の特別加入状況(ただし表面の事業を含まない) 労働保険事務組合又は特別加入団体の名称	
	労働保険番号(特別加入) 　　　　　　　　　　加入年月日	年 月 日	

[項目記入に当たっての注意事項]
1　記入すべき事項のない□□□には当該事項を○で囲んでください。(ただし、⑧欄並びに⑨及び⑩欄の元号については該当番号を○で囲んでください。
2　□□□□には傷病年金の受給権者は記入しないでください。

3　⑧は、請求が健康保険...
4　(ホ)は、災害時の通勤...就業の場所における...
5　(ト)は、災害時の通勤の種別がハの場合には、移動の起点たる就業の場所における...点たる就業の場所における就業終了の年月日及び時刻を記載してください。

6　(チ)は、災害時の通勤の種別がハの場合には、移動の起点たる就業の場所を離れた年...
7　(リ)は、通常の通勤の経路を図示し、災害発生の場所及び災害発生の日に住居又は就業の場所から災害発生の場所に至った経路を朱線を用いて分かりやすく記載するとともに、その他の事項についてもできるだけ詳細に記載してください。

[標準字体記入にあたっての注意事項]
　　□□□□で表示された記入枠に記入する文字は、光学式文字読取装置(OCR)で直接読取りを行いますので、以下の注意事項に従って、表面の右上に示す標準字体で記入してください。
1　筆記具は黒ボールペンを使用し、記入枠からはみださないように書いてください。
2　「促音」「よう音」などは大きく書き、濁点、半濁点は1文字として書いてください。

(例) キッテ → キッテ　　　キョ → キョ　　　バ → ハ゛

3　シツソン は斜の弧を書き始めるとき、小さくカギを付けてください。

4　Ｉ はカギを付けないで垂直に、Ч の2本の縦線は上で閉じないで書いてください。

派遣先事業主 証明欄	派遣元事業主が証明する事項(表面の⑩並びに(ロ)、(ハ)、(ニ)、(ホ)、(ヘ)、(ト)、(チ)、(リ)(通常の通勤の経路及び方法に限る。)及び(ヲ))の記載内容について事実と相違ないことを証明します。	
	年 月 日	事業の名称　　　　　　　　　　　　電話( ) 事業場の所在地　　　　　　〒 ー 事業主の氏名 (法人その他の団体であるときはその名称及び代表者の氏名)

社会保険 労務士 記載欄	作成年月日・提出代行者・事務代理者の表示	氏 名	電 話 番 号
			( ) ー

「療養（補償）給付たる療養の給付を受ける指定病院等（変更）届」の書き方

提出目的

　すでに労災病院または指定医療機関等で療養の給付を受けている被災労働者が、通院や療養上の都合等により、すでに療養の給付を受けている指定医療機関等から他の指定医療機関等に変更する場合は、変更後の労災病院または指定医療機関等に届出書を提出します。

提出書類等

● 業務災害の場合…「療養補償給付たる療養の給付を受ける指定病院等（変更）届」（様式第6号）

● 通勤災害の場合…「療養給付たる療養の給付を受ける指定病院等（変更）届」（様式第16号の4）

提出先

変更後の指定医療機関等を経由して労働基準監督署

いつまでに

変更時

◎業務災害の場合の記載例◎

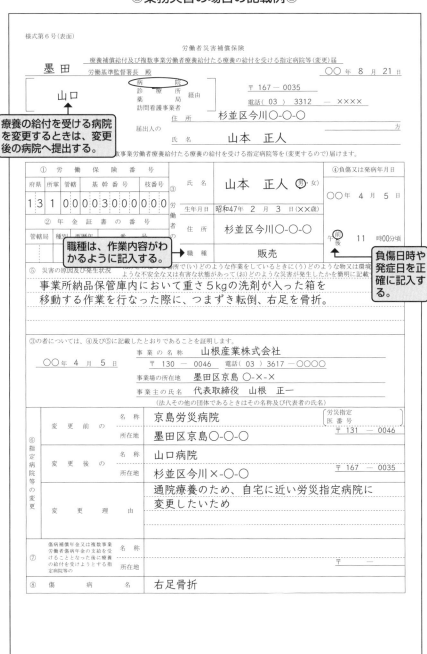

様式第6号(表面)

労働者災害補償保険

療養補償給付及び複数事業労働者療養給付たる療養の給付を受ける指定病院等(変更)届

墨田

山口

労働基準監督署長　殿

〇〇 年 8 月 21 日

病　　院
診 療 所 経由
薬　　局
訪問看護事業者

〒 167 — 0035
電話(03) 3312 — ××××
住　所　杉並区今川〇-〇-〇

届出人の

氏　名　山本　正人　　　　　　　　　方

療養の給付を受ける病院を変更するときは、変更後の病院へ提出する。

数事業労働者療養給付たる療養の給付を受ける指定病院等を(変更するので)届けます。

① 労 働 保 険 番 号					氏　名	山本　正人 男・女	④負傷又は発病年月日
府県	所掌	管轄	基幹番号	枝番号			〇〇 年 4 月 5 日
1 3	1	0 0 0	3 0 0 0 0	0 0	労働者 生年月日 昭和47年 2 月 3 日(××歳)		
② 年 金 証 書 の 番 号					住　所　杉並区今川〇-〇-〇		午前 11 時00分頃 午後
管轄局	種別						

職種は、作業内容がわかるように記入する。

職種　　　販売

負傷日時や発症日を正確に記入する。

⑤ 災害の原因及び発生状況

事業所納品保管庫内において重さ5kgの洗剤が入った箱を
移動する作業を行なった際に、つまずき転倒、右足を骨折。

③の者については、④及び⑤に記載したとおりであることを証明します。

〇〇 年 4 月 5 日

事 業 の 名 称　　山根産業株式会社

〒 130 — 0046　電話(03) 3617 —〇〇〇〇

事業場の所在地　　墨田区京島 〇-×-×

事業主の氏名　　代表取締役　山根　正一

(法人その他の団体であるときはその名称及び代表者の氏名)

⑥ 指定病院等の変更	変 更 前 の	名　称	京島労災病院	労災指定医番号	
		所在地	墨田区京島〇-〇-〇	〒 131 — 0046	
	変 更 後 の	名　称	山口病院		
		所在地	杉並区今川×-〇-〇	〒 167 — 0035	
	変 更 理 由		通院療養のため、自宅に近い労災指定病院に変更したいため		
⑦	傷病補償年金又は複数事業労働者傷病年金の支給を受けることとなった後に療養の給付を受けようとする指定病院等の	名　称			
		所在地		〒　—	
⑧	傷　　病　　名		右足骨折		

通院費の支給を受ける場合の手続き

提出目的

　通院に交通機関を利用すると費用が発生しますが、被災労働者の住居地または勤務地から原則として片道2km以上の通院で、以下に該当する場合は、通院費の請求をすることができます（44ページ参照）。

①同一市町村内の診療に適した労災指定医療機関へ通院したとき

②同一市町村内に診療に適した労災指定医療機関がないため、隣接する市町村内の診療に適した労災指定医療機関へ通院したとき（同一市町村内に適切な医療機関があっても、隣接する市町村内の医療機関のほうが通院しやすいとき等も含まれる）

③同一市町村内にも隣接する市町村内にも診療に適した労災指定医療機関がないため、それらの市町村を越えた最寄りの労災指定医療機関へ通院したとき

　なお、片道2km未満であっても、通院費の支給対象となる場合があります。

提出書類等

● 業務災害の場合…「療養補償給付たる療養の費用請求書」（様式第7号（1））

● 通勤災害の場合…「療養給付たる療養の費用請求書」（様式第16号の5（1））

● 通院に要した費用の額を証明する書類、内訳書

提出先

被災労働者が所属する事業所を管轄する労働基準監督署

いつまでに

通院費を支払ってから2年以内

2-7 「療養（補償）給付たる療養の費用請求書」の書き方

提出目的

　労働者が業務または通勤が原因で負傷したり疾病にかかったときに、近くに労災病院または指定医療機関等がないなどの理由で、労災病院または指定医療機関等以外の病院等で療養を受けたときにその費用を現金で支払った場合は、請求書を提出することにより、その費用を請求することができます。

　なお、届出に必要な書類は、療養を受けた機関により異なります。

提出書類等

	業務災害 「療養補償給付たる 療養の費用請求書」	通勤災害 「療養給付たる 療養の費用請求書」
療養を受けた費用、ギプス代、看護料、移送費など	様式第7号（1）	様式第16号の5（1）
薬局で受けた薬剤の費用	様式第7号（2）	様式第16号の5（2）
柔道整復師から施術を受けた費用	様式第7号（3）	様式第16号の5（3）
はり・きゅう・あん摩マッサージの費用	様式第7号（4）	様式第16号の5（4）
訪問看護費用	様式第7号（5）	様式第16号の5（5）

●看護・移送等に要した費用の場合はその明細書・領収書等

●はり・きゅう・あん摩マッサージの施術を受けた場合は医師の診断書

提出先　被災労働者が所属する事業所を管轄する労働基準監督署

いつまでに　費用の支出が確定した日から2年以内

■ 様式第7号（1）（表面）　労働者災害補償保険

業務災害用
複数業務要因災害用

第　　回

療養補償給付及び複数事業労働者療養給付たる療養の費用請求書(同一傷病分)

標　準　字　体	0 1 2 3 4 5 6 7 8 9 ゛ ゜ ー
	ア イ ウ エ オ カ キ ク ケ コ サ シ ス セ ソ タ チ ツ テ ト ナ ニ ヌ
	ネ ノ ハ ヒ フ ヘ ホ マ ミ ム メ モ ヤ ユ ヨ ラ リ ル レ ロ ワ ン

※ 帳票種別	①管轄局署	②業通別	※受付年月日	※三者コード	※奉仕未支給	特別加入者	※審査コード
3 4 2 6 0		1業3通			1労3処	1奉仕3未支給5奉仕	1加5未加入	

③労働保険番号
府県	所掌	管轄	基幹番号	枝番号
1 3	1	0 1	0 0 0 3 0 0	0 0 0

④
管轄局	種別	西暦年	番号
年金証書の番号

⑤労働者の性別
| 男1女3 | 2 |

⑥労働者の生年月日
| 5 4 8 1 1 0 9 | （1-9は右4-9は左-9は右に記入） |

⑦負傷又は発病年月日
| 9 ○ ○ 0 4 2 0 |

⑪金融機関コード ⑭
⑮※郵便局コード

⑨労働者のシメイ（カタカナ）
ウ チ ヤ マ ゛ メ ク ゛ ミ

氏名　内山 恵　　（△△歳）

職種　事務職

住所　⑧郵便番号 153 - 0042　目黒区青葉台 ○-○-×

新規・変更
更する金融機関の名称
口座名義人

目黒　（本店・本所）（支店・支所）

内山 恵

⑯預金の種類
| 普通1当座3その他5 | 1 |

⑰口座番号（左詰め、ゆうちょ銀行の場合は、記号（5桁）は左詰め、番号は右詰めで記入し、空欄は「0」を記入）
1 6 3 2 1 1 7

⑱メイギニン（カタカナ）
ウ チ ヤ マ ゛ メ ク ゛ ミ

（つづき）メイギニン（カタカナ）

⑲の者については、⑦並びに裏面の(ヌ)及び(ワ)に記載したとおりであることを証明します。

○○年 4 月28日

事業の名称　株式会社エイチアール　電話（ 03 ）×××-○○○○
事業場の所在地　目黒区上目黒○-×-×　〒 153 - 0051
事業主の氏名　代表取締役 中岡 修
（法人その他の団体であるときはその名称及び代表者の氏名）

（注意）派遣労働者について、療養補償給付又は複数事業労働者療養給付のみの請求がなされる場合にあっては、派遣元事業主が証明する事項の記載内容が事実と相違ない旨裏面に記載してください。

療養の内容	(イ)療養の期間 ○○年 4 月 20 日　から○○年 4 月 30 日まで 11 日間　診療実日数　2 日
(ロ)傷病の部位及び傷病名	左手首骨折
(ハ)傷病の経過の概要	痛み漸次軽快

⑨の者については、(イ)から(ニ)までに記載したとおりであることを証明します。
○○年 4 月 30 日　〒 153 - 0051
病院又は診療所の　所在地　目黒区上目黒 ○-○-○　電話（ 03 ）○○△-○○○○
名称　三谷病院
診療担当者氏名　三谷 洋司

年　月　日　治癒(症状固定)・継続中・転医・中止・死亡

(ニ) 療養の内訳及び金額（内訳裏面のとおり）　40000 円

(ホ)看護料　年 月 日から 年 月 日まで　日間（看護料の資格の有・無）
(ヘ)移送費　　から　まで 片道・往復　キロメートル　回
(ト) 上記以外の療養費（内訳別紙請求書又は領収書　枚のとおり。）
(チ) 療養の給付を受けなかった理由
近所に受診できる労災病院がなかったため

⑳療養に要した費用の額（合計）　40000 円

㉑費用の種別	㉒療養期間の初日	㉓療養期間の末日	㉔診療実日数	㉕転帰事由
※ 1診療2薬剤3装具4訪問看護				1継続2転医3中止4治ゆ5死亡9その他C

上記により療養補償給付又は複数事業労働者療養の費用の支給を請求します。

○○年 5 月10日

〒 153 - 0042　電話（ 03 ）○○××-○×○○
住所　目黒区青葉台 ○-○-×　（　方）

請求人の
氏名　内山 恵

品川 労働基準監督署長 殿

（吹き出し）振込を希望する銀行等の口座番号（請求人本人のもの）を記入する。

（左側縦書き）事業主の記入欄　診療を行なった医師等の証明欄

（右側縦書き）※印の欄は記入しないでください。（職員が記入します。）　※裏面の注意事項を読んでください。　折り曲げる場合には◀の所を谷に折りさらにその2つ折りにしてください。

◎業務災害の場合の記載例②◎

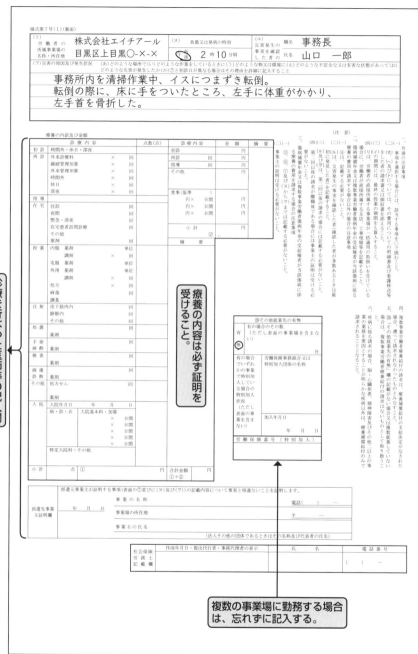

様式第7号（1）（裏面）

| （リ） 労働者の 所属事業場の 名称・所在地 | 株式会社エイチアール 目黒区上目黒〇-×-× | （ヌ） 負傷又は発病の時刻 | 2 時 10 分頃 | （ル） 災害発生の 事実を確認 した者の 職名 氏名 | 事務長 山口 一郎 |

（ヲ）災害の原因及び発生状況 （あ）どのような場所で（い）どのような作業をしているときに（う）どのような物又は環境に（え）どのような不安全な又は有害な状態があって（お）どのような災害が発生したか（か）⑦と初診が異なる場合はその理由を詳細に記入すること

事務所内を清掃作業中、イスにつまずき転倒。
転倒の際に、床に手をついたところ、左手に体重がかかり、
左手首を骨折した。

療養の内訳及び金額

（注 意）

左側：診療を行なった医師等の記入欄

中央吹き出し：療養の内容は必ず証明を受けること。

⑯その他就業先の有無

複数の事業場に勤務する場合
は、忘れずに記入する。

派遣元事業主が証明する事項（表面の⑦並びに（ヌ）及び（ヲ）の記載内容）について事実と相違ないことを証明します。

派遣先事業 主証明欄	年 月 日	事業の名称	電話（ ）	
		事業場の所在地	〒 －	
		事業主の氏名		

（法人その他の団体であるときはその名称及び代表者の氏名）

| 社会保険 労務士 記載欄 | 作成年月日・提出代行者・事務代理者の表示 | 氏 名 | 電話番号 |
| | | | （ ） － |

◎通勤災害の場合の記載例①◎

■ 様式第16号の5（1）（表面）労働者災害補償保険
通勤災害用
療養給付たる療養の費用請求書
第一回（同一傷病分）

標 準 字 体	0 1 2 3 4 5 6 7 8 9 ゜ ー
	ア イ ウ エ オ カ キ ク ケ コ サ シ ス セ ソ タ チ ツ テ ト ナ ニ ヌ
	ネ ノ ハ ヒ フ ヘ ホ マ ミ ム メ モ ヤ ユ ヨ ラ リ ル レ ロ ワ ン

帳票種別 ※ 3 4 2 6 0　①管轄局署　②業通別 3 業通　受付年月日　⑩三者コード　⑪委任未支給　特別加入者　審査コード

③労働保険番号　府県 所掌 管轄 基幹番号 枝番号　1 3 1 × × 2 2 2 1 1 0 0 0 0
④管轄局 種別 西暦年 番号

⑤労働者の性別 男・女 3　⑥労働者の生年月日　5 5 3 0 7 3 0　⑦負傷又は発病年月日　9 0 0 5 2 3

※⑭ 金融機関コード　金融機関 店舗

⑨労働者の 氏名　ヨシカワ　マサコ　吉川 雅子　（○○歳）職種 販売員

住所　郵便番号 1 9 4 - 0 0 2 1　町田市中町○-○-○

⑯預金の種類 1普通 3当座 → 1　⑰口座番号　4 2 2 1 6 3 0

⑱ ヨシカワ　マサコ

⑲この者については、⑦並びに裏面の（ワ）（通常の通勤の経路及び方法に限る。）、（カ）、（ヨ）、（タ）、（レ）、（ツ）、（ネ）及び（ム）に記載したとおりであることを証明します。

○○年 5月25日　事業の名称 株式会社大和　電話（042）○○○-××××
事業場の所在地 八王子市寺町○-○-○　〒 192 - 0073
事業主の氏名 代表取締役 小岩 良
（法人その他の団体であるときはその名称及び代表者の氏名）

療養の内容　（イ）期間 ○○年 5月23日 から ○○年 5月31日まで 9日間 診療実日数 3日

⑱ 傷病の部位 及び傷病名　左足首骨折
（ハ）傷病の経過の概要　漸次軽快
○○年5月31日 治ゆ（症状固定）・継続中・転医・中止・死亡

（ニ）療養の内訳及び金額 内訳裏面のとおり　3 5 0 0 0

⑲この者については、（イ）から（ニ）までに記載したとおりであることを証明します。
○○年 5月31日　〒 192 - 0073
病院又は診療所の 所在地 八王子市寺町○-○-×
名称 山川病院　電話（042）○○○-△△△△
診療担当者氏名 山川 元司

（ホ）看護料　年 月 日から 年 月 日まで 日間
（ヘ）移送費　から まで 片道・復道 キロメートル 回
（ト）上記以外の療養費（内訳別紙請求書又は領収書）枚のとおり
（チ）療養の給付を受けなかった理由
㉓療養に要した費用の額（合計）　3 5 0 0 0

㉑費用の種別　㉒療養期間の初日　㉓療養期間の末日　㉔診療実日数　㉕転帰事由

上記により療養給付たる療養の費用の支給を請求します。

○○年 6月5日　〒 194 - 0021　電話（042）×××-0000
住所 町田市中町○-○-○
請求人の 氏名 吉川 雅子

八王子 労働基準監督署長 殿

事業主記入欄

診療を行なった医師等の証明欄

116

◎通勤災害の場合の記載例②◎

様式第16号の5(1)(裏面)

(リ)災害時の通勤の種別(該当する記号を記入)	ロ	イ．住居から就業の場所への移動　ロ．就業の場所から住居への移動 ハ．就業の場所から他の就業の場所への移動 ニ．イに先行する住居間の移動　ホ．ロに後続する住居間の移動
(ヌ)労働者の所属事業場の名称・所在地	株式会社大和 八王子市寺町○-○-○	(ル)現認者の　住所 八王子市寺町×-×-× 氏名 山田昌美　電話(042)×××-○○○○

(ヲ)災害の原因及び発生状況　(あ)どのような場所を(い)どのような方法で移動している際に(う)どのような物で又はどのような状況において(え)どのようにして災害が発生したか(お)⑦と初診日が異なる場合はその理由を簡明に記載すること

帰宅途中、会社から八王子駅に向かう途中に、歩道を歩いていて転倒。
左足首骨折。当日は、雨が降りすべりやすかった。

(カ)負傷又は発病の年月日及び時刻	○○年5月23日 午前・午後(○) 6時45分頃
(ヨ)災害発生の場所	八王子駅周辺
(タ)就業の場所(災害時の通勤の種別がハに該当する場合は移動の終点たる就業の場所)	
(レ)就業開始の予定年月日及び時刻(災害時の通勤の種別がイ、ハ又はニに該当する場合は記載すること)	年　月　日　午前・後　時　分頃
(ソ)住居を離れた年月日及び時刻(災害時の通勤の種別がイ、ニ又はホに該当する場合は記載すること)	年　月　日　午前・後　時　分頃
(ツ)就業終了の年月日及び時刻(災害時の通勤の種別がロ、ハ又はホに該当する場合は記載すること)	○○年5月23日 午前・午後(○) 6時30分頃
(ネ)就業の場所を離れた年月日及び時刻(災害時の通勤の種別がロ又はハに該当する場合は記載すること)	○○年5月23日 午前・午後(○) 6時35分頃
(ナ)第三者行為災害	該当する・該当しない(○)
(ラ)健康保険日雇特例被保険者手帳の記号及び番号	
(ム)転任の事実の有無(災害時の通勤の種別がニ又はホに該当する場合)	有・無　(ウ)転任直前の住居に係る住所

(ワ)災害時の通勤の種別に関する移動の通常の経路、方法及び所要時間並びに災害発生の日に住居又は就業の場所から災害発生の場所に至った経路、方法、時間その他の状況

会社 —徒歩 10分— 八王子駅 —JR 30分— 町田駅 —徒歩 20分— 自宅

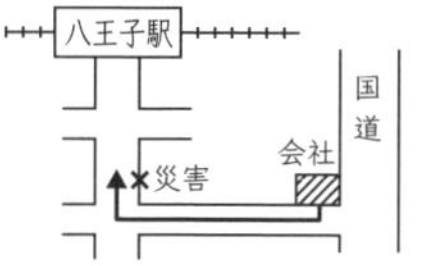

(通常の移動の所要時間　1 時間　00 分)

被災した状況により記入箇所が異なる。

療養の内訳及び金額

診療内容		点数(点)	診療内容	金額	摘要
初診	時間外・休日・深夜		初診	円	
再診	外来診療料 ×　回 継続管理加算 ×　回 外来管理加算 ×　回 時間外 ×　回 休日 ×　回 深夜 ×　回		再診　回 指導　回 その他	円 円 円	
指導			食事(基準　) 円×　日間 円×　日間 円×　日間	円 円 円	
在宅	往診 回 夜間 回 緊急・深夜 回 在宅患者訪問診療 回 その他 薬剤 回		小計 ②	円	
投薬	内服 薬剤 単位 調剤 ×　回 屯服 薬剤 単位 外用 薬剤 単位 調剤 ×　回 処方 ×　回 麻毒 回 調基		摘要		
注射	皮下筋肉内 回 静脈内 回 その他 回				
処置	回 薬剤				
手術・麻酔	回 薬剤				
検査	回 薬剤				
画像診断	回 薬剤				
その他	処方せん 回 薬剤				
入院	入院年月日　年　月　日 病・診・衣　入院基本料・加算 ×　日間 ×　日間 ×　日間 ×　日間 ×　日間 特定入院料・その他				
小計	点 ①	円	合計金額 ①+②	円	

診療を行なった医師等の記入欄

㉖その他就業先の有無	
有・無(○)	有の場合のその数(ただし表面の事業場を含まない)　社
有の場合でいずれかの事業で特別加入している場合の特別加入状況(ただし表面の事業を含まない)	労働保険事務組合又は特別加入団体の名称
	加入年月日　年　月　日
	労働保険番号(特別加入)

(注意)

一、共通の注意事項
(一)事項を選択する場合には、該当する事項を○で囲むこと。
(二)(ホ)、(ヘ)及び(ト)についてはその費用についての明細書及び看護移送等をした者の請求書又は領収書を添えること。
(三)(イ)の期間には、最終の投薬の期間をも算入すること。
(四)(ヌ)は、労働者の直接所属する事業場が一括適用の取扱いを受けている場合に、労働者が直接所属する支店、工事現場等を記載すること。
(五)(ラ)は、請求人が健康保険の日雇特例被保険者でない場合には、記載する必要がないこと。

二、傷病年金の受給権者が当該傷病に係る療養の費用を請求する場合以外の場合の注意事項
(一)④は記載する必要がないこと。
(二)第二回以後の請求の場合には、(ル)から(ネ)まで、並びに(ム)及び(ウ)については記載する必要がなく、また事業主の証明は受ける必要がないこと。

三、傷病年金の受給権者が当該傷病に係る療養の費用を請求する場合の注意事項
(一)③、⑥、⑦及び(ル)から(ウ)までは記載する必要がないこと。
(二)事業主の証明は受ける必要がないこと。

派遣先事業主証明欄	派遣元事業主が証明する事項(表面の⑦並びに(ワ)(通常の通勤の経路及び方法に限る。)、(カ)、(ヨ)、(タ)、(レ)、(ツ)、(ネ)及び(ム))の記載内容について事実と相違ないことを証明します。 年　月　日　事業の名称　電話(　)　— 〒　— 事業場の所在地 事業主の氏名 (法人その他の団体であるときはその名称及び代表者の氏名)

社会保険労務士記載欄	作成年月日・提出代行者・事務代理者の表示	氏名	電話番号
			(　)　—

複数の事業場に勤務する場合は、忘れずに記入する。

「休業(補償)給付支給請求書・休業特別支給金支給申請書」の書き方

提出目的

　業務災害・通勤災害によるケガや病気で仕事を休み、その間、賃金を受けられない場合には、収入補償として休業4日目から休業(補償)給付が支給されます。

　ちなみに、休業(補償)給付は給付基礎日額の6割、休業特別支給金は給付基礎日額の2割です。

　なお、通勤災害により療養給付を受ける場合は、初回の休業給付から一部負担金として200円が減額されます。

提出書類等

● 業務災害の場合…「休業補償給付支給請求書」(様式第8号)
● 通勤災害の場合…「休業給付支給請求書」(様式第16号の6)
　(表面は業務災害とほぼ同じ内容で、裏面に通勤災害独自の記入欄がある)
● 別紙「平均賃金算定内訳」を添付(休業(補償)給付額を決定するのに必要な「給付基礎日額」を計算するため)
● 初回は、賃金台帳と出勤簿・タイムカード等を添付するとベター

提出先

被災労働者が所属する事業所を管轄する労働基準監督署

いつまでに

休業の日の翌日から2年以内

(※) 労働者の生活保障になる給付のため、早めに提出するようにしましょう。休業期間が長引く場合は、給与計算業務にあわせて毎月1回ずつ提出すると効率もよいでしょう。

◎業務災害の場合の記載例①◎

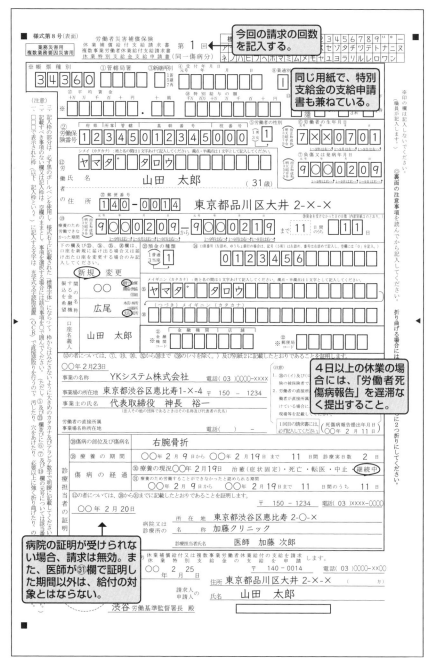

◎業務災害の場合の記載例②◎

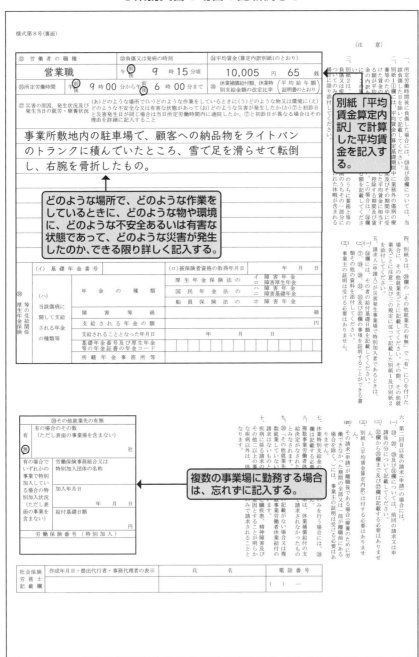

様式第8号(裏面)

〔注 意〕

㉜ 労働者の職種	㉝負傷又は発病の時刻	㉞平均賃金(算定内訳別紙1のとおり)
営業職	午(前)後 9 時 15 分頃	10,005 円 65 銭

㉟所定労働時間	午(前)後 9 時 00 分から午(前)後 6 時 00 分まで	休業補償給付額、休業特別支給金額の改定比率	平均給与額 証明書のとおり

㊱災害の原因、発生状況及び発生当日の就労・療養状況
(あ)どのような場所で(い)どのような作業をしているときに(う)どのような物又は環境に(え)どのような不安全な又は有害な状態があって(お)どのような災害が発生したか(か)⑦と初診日と災害発生日が同じ場合は当日所定労働時間内に通院したか、⑦と初診日が異なる場合はその理由を詳細に記入すること

事業所敷地内の駐車場で、顧客への納品物をライトバンのトランクに積んでいたところ、雪で足を滑らせて転倒し、右腕を骨折したもの。

> どのような場所で、どのような作業をしているときに、どのような物や環境に、どのような不安全あるいは有害な状態であって、どのような災害が発生したのか、できる限り詳しく記入する。

> 別紙「平均賃金算定内訳」で計算した平均賃金を記入する。

㊲厚生年金保険等の受給関係	(イ) 基礎年金番号		(ロ)被保険者資格の取得年月日	年 月 日
	(ハ) 当該傷病に関して支給される年金の種類等	年 金 の 種 類	厚生年金保険法の イ障害年金 ロ障害厚生年金	
			国民年金法の ハ障害年金 ニ障害基礎年金	
			船員保険法の ホ障害年金	
		障 害 等 級		級
		支給される年金の額		円
		支給されることとなった年月日	年 月 日	
		基礎年金番号及び厚生年金等の年金証書の年金コード		
		所轄年金事務所等		

㊳その他就業先の有無	
有 (無)	有の場合のその数 (ただし表面の事業場を含まない) 社
有の場合でいずれかの事業で特別加入している場合の特別加入状況 (ただし表面の事業を含む)	労働保険事務組合又は特別加入団体の名称
	加入年月日 年 月 日
	給付基礎日額 円
	労働保険番号 (特別加入)

> 複数の事業場に勤務する場合は、忘れずに記入する。

社会保険労務士記載欄	作成年月日・提出代行者・事務代理者の表示	氏 名	電話番号 ( ) ―

120

◎業務災害の場合の記載例③◎

様式第8号（別紙1）（表面）

労　働　保　険　番　号					氏　　　名	災害発生年月日
府県	所掌	管轄	基幹番号	枝番号	山田　太郎	○○年 2 月 9 日
1 2	3	4 5	0 1 2 3 4 5	0 0 0		

> 複数の事業場に勤務する場合は、それぞれの事業場について別紙1〜3を作成する。

平均賃金算定内訳

(労働基準法第12条参照のこと。)

雇入年月日	○○年 4 月 1 日		常用・日雇の別			（常用）・日雇	
賃金支給方法	（月給）週給・日給・時間給・出来高払制・その他請負制			賃金締切日		毎月 20 日	

A欄

		賃金計算期間	10月21日から 11月20日まで	11月21日から 12月20日まで	12月21日から 1月20日まで	計	
月・週その他一定の期間によって支払ったもの		総　日　数	31 日	30 日	31 日	（イ） 92 日	
	賃金	基本賃金	211,500円	211,500円	211,500円	634,500円	
		固定残業手当	66,640	66,640	66,640	199,920	
		通勤手当	8,700	8,700	8,700	26,100	
		住宅手当	20,000	20,000	20,000	60,000	
		計	306,840円	306,840円	306,840円	（ロ） 920,520円	

B欄

		賃金計算期間	月日から月日まで	月日から月日まで	月日から月日まで	計	
日若しくは時間又は出来高払制その他の請負制によって支払ったもの		総　日　数	日	日	日	（イ） 日	
		労　働　日　数	日	日	日		
	賃金	基本賃金	円	円	円	円	
						円	
						円	
		計	円	円	円	（ハ） 円	

> A欄は、毎月定額で支払われている手当をすべて記入する（みなし残業手当なども、毎月固定で支払われていればA欄に記入）。

> B欄は、定額でなく、時間数に応じて支払われた残業手当等、労働日数、労働時間に応じて支払われた賃金を記入する。時給者の場合は、基本賃金もB欄に記入する。

総　　　計	306,840円	306,840円	306,840円	（ハ） 920,520円

平　均　賃　金	賃金総額（ホ）920,520円÷総日数（イ） 92 ＝ 10,005 円 65 銭

最低保障平均賃金の計算方法

Aの（ロ）　　920,520 円÷総日数（イ）92 ＝　10,005　円 65 銭 （ヘ）
Bの（ニ）　　　　　　円÷労働日数（ハ）　　×$\frac{60}{100}$＝　　　円　　銭 （ト）
（ヘ）　10,005 円65銭+（ト）　　　円　　銭 ＝ 10,005 円 65 銭 最低保障平均賃金

> B欄で支払われた金額があれば計算の対象に算入する。

> 総計欄は、A欄とB欄の合計金額を記入する。

日日雇い入れられる者の平均賃金（昭和38年労働省告示第52号による。）	第1号又は第2号の場合	賃金計算期間	労働日数又は労働総日数	（リ） 賃金総額	平均賃金（リ÷ぬ）×$\frac{73}{100}$
		月日から月日まで	日	円	円　銭
	第1号	都道府県労働局長が定める金額			円
	第2号	従事する事業又は職業			
		都道府県労働局長が定めた金額			円
漁業及び林業労働者の平均賃金（昭和24年労働省告示第5号第2条による。）	承認　年月日	年　月　日	職種	平均賃金協定額	円

① 賃金計算期間のうち業務外の傷病の療養等のため休業した期間の日数及びその期間中の賃金を業務上の傷病の療養のため休業した期間とみなして算定した平均賃金
（賃金の総額（ホ）−休業した期間にかかる②の（リ）） ÷ （総日数（イ）−休業した期間②の（チ））
（　　　　円−　　　　円）÷（　　　　日−　　　　日）＝　　　　円　　銭

> いずれか高いほうが平均賃金

◎業務災害の場合の記載例④◎

様式第8号（別紙1）　（裏面）

② 業務外の傷病の療養等のため休業した期間 及びその期間中の賃金の内訳				
賃 金 計 算 期 間	月　　日から 月　　日まで	月　　日から 月　　日まで	月　　日から 月　　日まで	計
業務外の傷病の療養等のため 休業した期間の日数	日	日	（ﾁ）　　日	日

業 務 外 の 傷 病 の 療 養 等 の た め	休 業 し た 期 間 中 の 賃 金	基 本 賃 金	円	円	円	円
		手 当	円	円	円	円
		手 当	円	円	円	円

> 私傷病で休業した場合に支払われた賃金があれば記入する。有給休暇で処理したときは記入不要だが、欠勤のときに通勤手当が減額されていない場合は、日数分の記入が必要。

	計	円	円	（ﾘ）　　円	円

休 業 の 事 由				

③ 特 別 給 与 の 額	支 払 年 月 日	支 払 額
	○×年 7 月 20 日	300,000 円
	○×年 12 月 10 日	420,000 円
	年 月 日	円
	年 月 日	円
	年 月 日	円
	年 月 日	円
	年 月 日	円

> 原則として、事故発生日以前の1年間に支払われた年3回までの賞与等を記入する。この欄に記入された金額を元に、特別支給金の計算がされる。

［注意］

③欄には、負傷又は発病の日以前2年間（雇入後2年に満たな〔　〕いては、雇入後の期間）に支払われた労働基準法第12条第4項の〔　〕超える期間ごとに支払われる賃金（特別給与）について記載して〔　〕

ただし、特別給与の支払時期の臨時的変更等の理由により負傷〔　〕の日以前1年間に支払われた特別給与の総額を特別支給金の算定基礎とすることが適当でないと認められる場合以外は、負傷又は発病の日以前1年間に支払われた特別給与の総額を記載して差し支えありません。

◎業務災害の場合の記載例⑤◎

様式第8号　（別紙2）

労　働　保　険　番　号				氏　　名	災害発生年月日
府県	所掌	管轄	基幹番号　枝番号	山田　太郎	○○ 年 2 月 9 日
1 2 3	4	5 0	1 2 3 4 5　0 0 0		

① 療養のため労働できなかつた期間

_____年 _____ 日から _____日まで _____ 日間

> 給付を受ける期間、すべての日を休業処理する場合、この別紙に記入する必要はない。

② ①のうち賃金を受けなか _____ 日

③ ②の日数の内訳

全部休業日	_____ 日
部分算定日	_____ 日

④ 部分算定日の年月日及び当該労働者に対し支払われる賃金の額	年　月　日	賃金の額	備　　考
	年　月　日	円	

> 1日のうちに、まる1日休まずに少し労働した日数がある場合は、この別紙に記入する。その日に賃金が支払われていれば、日ごとに支払われた金額を記入する。

〔注意〕
1　「全部休業日」とは、②欄の「賃金を受けなかった日」のうち、部分算定日に該当しないものをいうものであること。
2　「部分算定日」とは、②欄の「賃金を受けなかった日」のうち、業務上等の負傷又は疾病による療養のため所定労働時間のうちその一部分についてのみ労働した日（以下「一部休業日」という。）若しくは賃金が支払われた休暇をいうものであること。
　　なお、月、週その他一定の期間（以下「特定期間」という。）によって支給される賃金が全部休業日又は一部休業日についても支給されている場合、当該全部休業日又は一部休業日は、別途、賃金が支払われた休暇として部分算定日に該当するため、当該賃金を特定期間の日数（月によって支給している場合については、三十）で除して得た額に、当該部分算定日の日数を乗じて得た額を④の「賃金の額」欄に記載すること。
3　該当欄に記載することができない場合には、別紙を付して記載すること。

◎業務災害の場合の記載例⑥◎

様式第8号（別紙3）

複数事業労働者用

> 様式第8号で記入した事業場以外の事業場ごとに記入する。

① 労働保険番号（請求書に記載した事業場以外の就労先労働保険番号）

都道府県	所掌	管轄	基幹番号	枝番号
1 3 1	×	×	2 2 2 1 1 0	0 0 0

② 労働者の氏名・性別・生年月日・住所

(フリガナ氏名)	ヤマダ タロウ		男	生年月日	
(漢字氏名)	山田　太郎	女	昭和・平成・令和	×× 年 7 月 1 日

〒　140 － 0014

(フリガナ住所) トウキョウトシナガワクオオイ

(漢字住所) 東京都品川区大井２－×－×

③ 平均賃金（内訳は別紙1のとおり）

5,050 円 70 銭

> この事業場について作成した別紙1の計算結果を記入する。

④ 雇入期間

昭和・平成・令和 4 年 4 月 1 日 から 現在 まで

⑤ 療養のため労働できなかつた期間

令和 ○○年 2 月 9 日 から ○○年 2 月 19 日 まで　| 11 |日間のうち

⑥ 賃金を受けなかつた日数（内訳は別紙2のとおり）　| 11 |日

⑦ 厚生年金保険等の受給関係

(イ)基礎年金番号　　　　　　　　　　(ロ)被保険者資格の取得年月日　　年　　月　　日

(ハ)当該傷病に関して支給される年金の種類等

年金の種類　厚生年金保険法の　イ 障害年金　　ロ 障害厚
　　　　　　国民年金法の　　　ハ 障害年金　　ニ 障害基
　　　　　　船員保険法の　　　ホ 障害年金

障害等級　　　級　支給されることとなつた年月日　　年

基礎年金番号及び厚生年金等の年金証書の年金コード

所轄年金事務所等

> 同一の傷病について厚生年金保険等の年金を受給している場合のみ記入する。

上記②の者について、③から⑦までに記載されたとおりであることを証明します。

○○年 2 月 23 日

事業の名称　株式会社大和　　電話(042)○○○－××××

事業場の所在地　八王子市寺町○－○－○

事業主の氏名　代表取締役　小岩　良

渋谷労働基準監督署長　殿

社会保険労務士記載欄	作成年月日・提出代行者・事務代理者の表示	氏　名	電話番号
			(　)　－

124

2-9 傷病（補償）年金の「傷病の状態等に関する届」の書き方

提出目的

　業務災害・通勤災害によるケガや病気が、療養を始めてから１年６か月が経っても治らず、一定の障害が残ったときには、年金としてまとまった金額が補償されます。その際、労働基準監督署長の決定で、休業（補償）給付から傷病（補償）年金に切替えが行なわれます。

傷病（補償）年金のしくみ

　「傷病（補償）年金」は、傷病等級表の第１級から第３級に該当すると、等級に応じた金額が年金として、年に６回、偶数月に２か月分が支給されます。

　ほかに、「傷病特別支給金」（各傷病等級に応じた一時金）と「傷病特別年金」（算定基礎日額をもとに計算される、各傷病等級に応じた年金）も支給されます。

	傷病（補償）年金	傷病特別支給金	傷病特別年金
支給方法	年金	一時金（定額）	年金
給付の元になる金額	給付基礎日額		算定基礎日額
第１級	313日分	114万円	313日分
第２級	277日分	107万円	277日分
第３級	245日分	100万円	245日分

　傷病等級の第１級から第３級のいずれかに該当している間は、年金を受け取ることができますが、第３級の状態よりも軽くなったときは、年金は打ち切られます。

　傷病（補償）年金が受けられない状態になっても、ケガや病気が

◎傷病状態に関する届出書の記載例◎

様式第16号の2（表面）

労働者災害補償保険
傷病の状態等に関する届

① 労働保険番号					
府県	所掌	管轄	基幹番号	枝番号	
1 3	3	4 5 0	1 2 3 4 5	0 0 0	

③ 負傷又は発病年月日 ○×年8月5日

> 負傷・発病した日を記入する。

② 労働者の
フリガナ　カワイ　アオイ
氏　名　**川合　葵**　（男・女）

生年月日　平成××年 3 月 6 日（26歳）

フリガナ　トウキョウト トシマク イケブクロ
住　所　**東京都豊島区池袋 4-×-×**

④ 療養開始年月日　○×年8月5日

> 初めて受診した日を記入する。

⑤ 傷病の名称、部位及び状態　　　　　（診断書のとおり。）

⑥ 厚生年金保険等の受給関係

厚年等の年金証書の基礎年金番号・年金コード		被保険者資格の取得年月日	
当該傷病に関して支給される年金の種類等	年　金　の　種　類	厚生年金保険法の　イ 障害年金 国民年金法の　イ 障害年金 船員保険法の障害年金	級
	障　害　等　級		級
	支給される年金の額		円
	支給されることとなった年月日		日
	厚年等の年金証書の基礎年金番号・年金コード		
	所轄年金事務所名		

> この届を出す傷病と同じ原因で、厚生年金保険等から年金が支給される場合は、⑥欄も記入する。

⑦ 添付する書類その他の資料名　**診断書**

⑧ 年金の払い渡しを受けることを希望する金融機関又は郵便局

（登録している公金受取口座を利用します：□）

金融機関（郵便貯金銀行の支店等を除く。）	名　称	※ 金融機関店舗コード		
		○○	銀行・金庫 農協・漁協・信組　池袋	本店・本所 出張所 支店・支所
	預金通帳の記号番号	普通・当座	第 **1 2 3 4 5 6 7 8** 号	
郵便貯金銀行の支店又は郵便局の支店等	フリガナ名　称	※ 郵便局コード		
	所在地	都道府県	市郡区	
	預金通帳の記号番号	第	号	

上記のとおり届けます。

〒 170 - 0014　電話 （ 03 ）○○○○ - ××××

○○ 年 3 月 8 日

渋谷 労働基準監督署長 殿

届出人の　住所　**東京都豊島区池袋 4-×-×**
　　　　　氏名　**川合 葵**

様式第16号の2（裏面）

⑨その他就業先の有無

有	有の場合のその数（ただし表面の事業場を含まない）　社	有の場合でいずれかの事業で特別加入している場合の特別加入状況（ただし表面の事業を含まない）労働保険事務組合又は特別加入団体の名称	
無	労働保険番号（特別加入）	加入年月日	日
		給付基礎日額	円

> 複数の事業場に勤務する場合は、忘れずに記入する。

治らず、療養のため仕事を休まなければいけないときは、休業（補償）給付の請求をします。

請求手続き

- 療養を開始して1年6か月が経過してもケガや病気が治らず、休業（補償）給付を受けている場合には、「傷病の状態等に関する届」の提出が求められるので、これに記入して提出します。
- 従業員本人が「請求」するものではなく、労働基準監督署長の判断で支給決定が行なわれます。
- 傷病特別支給金と傷病特別年金は、「申請にもとづいて支給される」とされていますが、傷病（補償）年金の支給決定を受けた被災労働者に対しては、傷病特別年金を申請したものとして扱われ、特別支給金も支給されます。
- 「傷病の状態等に関する届」には、会社の証明や事業主印は必要ありません。
- ただし、医師の診断書の添付が必要です。
- 労働基準監督署の窓口で提出する場合、個人番号確認と身元確認が行なわれるので、本人確認書類を持参しましょう。郵送による場合も、本人確認書類を同封する必要があります。郵送する場合は、簡易書留など追跡可能な方法で送付するべきでしょう。

　＜本人確認書類＞
　・個人番号カード
　・通知カード＋運転免許証　など

提出先

被災労働者が所属する事業所を管轄する労働基準監督署

いつまでに

　従業員から請求するものではないので、時効はありませんが、労働基準監督署から提出の求めがあったら、早めに提出しましょう。

2-10 「障害（補償）給付支給請求書・障害特別支給金支給申請書」の書き方

提出目的

業務災害・通勤災害によるケガや病気が治ったあとに、一定の障害が残った場合に、生活補償として障害の程度に応じて年金または一時金が支給されます。

障害（補償）給付のしくみ

障害（補償）給付は、年金で支給されるものと、一時金で支給されるものがあります。

年金で支給されるもの

- 障害（補償）年金…障害の等級が第1級から第7級のときに、給付基礎日額に、障害等級ごとに定められた日数を乗じた年金が1年に6回（偶数月）に分けて支給されます。
- 障害特別年金…算定基礎日額に障害（補償）年金と同じ日数を乗じた金額が支給されます。

一時金で支給されるもの

- 障害（補償）一時金…障害の等級が第8級から第14級のときに、給付基礎日額に、障害等級ごとに定められた日数を乗じた金額が、一時金として支給されます。
- 障害特別一時金…算定基礎日額に障害（補償）一時金と同じ日数を乗じた金額が一時金として支給されます。
- 障害特別支給金…すべての等級の人に対して、等級に応じた金額の一時金が支給されます。

なお、給付額は、各障害等級によって、次ページ表のように日数と金額が決められています。

■支給金額（第1級から第7級まで）

	障害（補償）年金	障害特別年金	障害特別支給金
支給方法	年6回の年金		一時金
給付の元に なる金額	給付基礎日額	算定基礎日額	
第1級	313日分	313日分	342万円
第2級	277日分	277日分	320万円
第3級	245日分	245日分	300万円
第4級	213日分	213日分	264万円
第5級	184日分	184日分	225万円
第6級	156日分	156日分	192万円
第7級	131日分	131日分	159万円

■支給金額（第8級から第14級まで）

	障害（補償）一時金	障害特別一時金	障害特別支給金
支給方法	すべて一時金		
給付の元に なる金額	給付基礎日額	算定基礎日額	
第8級	503日分	503日分	65万円
第9級	391日分	391日分	50万円
第10級	302日分	302日分	39万円
第11級	223日分	223日分	29万円
第12級	156日分	156日分	20万円
第13級	101日分	101日分	14万円
第14級	56日分	56日分	8万円

請求手続き

● 業務災害の場合…「障害補償給付支給請求書」（様式第10号）

● 通勤災害の場合…「障害給付支給請求書」（様式第16号の7）

（別紙「通勤災害に関する事項」も必要）

● 1枚の用紙で特別支給金の請求も兼ねています。

◎業務災害による場合の記載例◎

様式第10号（表面）

労働者災害補償保険

障害補償給付
複数事業労働者障害給付
障害給付
障害特別支給金
障害特別年金
障害特別一時金

支給請求書
支給申請書

① 労働保険番号					
府県	所掌	管轄	基幹番号	枝番号	
13	3	01	2345670	00	

② 年金証書の番号			
管轄局	種別	西暦年	番号

③労働者の

フリガナ タキザワ ツトム
氏名 滝沢 勉 （男・女）
生年月日 昭和××年 1 月 11 日（39歳）
フリガナ トウキョウトキタクジュウジョウダイ
住所 東京都北区十条台5-×-×
職種 プレス工
所属事業場 名称・所在地

④ 負傷又は発病年月日
○○ 年 9 月 20 日
午前・午後 10 時 30 分頃

⑤ 傷病の治癒した年月日
○○ 年 6 月 5 日

⑦ 平均賃金
12,603 円 25 銭

⑥ 災害の原因及び発生状況　（あ）どのような場所で（い）どのような作業をしているときに（う）どのような物又は環境に（え）どのような不安全な又は有害な状態があって（お）どのような災害が発生したかを簡明に記載すること
　金属プレス作業中に、プレス機械の安全装置の調整を誤り、金型の中に左手中指を入れてしまい、左手中指を切断した。

⑧ 特別給与の総額（年額）
1,200,000 円

> 災害にあった日以前1年間に支払われたボーナスの合計額を記入する。

⑨厚生年金保険等の受給関係

当該傷病に関し

⑦ 厚生年等の年金証書の基礎年金番号・年金コード		ロ 被保険者資格の取得年月日	年 月 日
年金の種類		厚生年金保険法の　イ、障害年金　国民年金法の　イ、障害年金　船員保険法の障害年金	ロ、障害厚生年金　ロ、障害基礎年金
障害等級			
支給される年金の額			
支給されることとなった年月日			
厚生年等の年金証書の基礎年金番号・年金コード			
所轄年金事務所等			

> 同一の傷病について、厚生年金保険等の年金が支給される場合は記入する。

③の者については、⑨の⑦及び⑩に記載したとおりであることを証明します。

○○ 年 7 月 10 日

事業の名称 川合工業株式会社　電話（ 03 ）○○○○ー××××
事業場の所在地 東京都台東区谷中2-○　〒 110 － 0001
事業主の氏名 代表取締役 川合 高弘
（法人その他の団体であるときは、その名称及び代表者の氏名）

[注意] ⑨の⑦及び⑩については、③の者が厚生年金保険の被保険者である場合に限り証明すること。

> 障害の状態を証明する書類が必要となる。

⑩ 障害の部位及び状態　（診断書のとおり）

既存障害がある場合にはその部位及び状態　なし

⑫ 添付する書類その他の資料名　レントゲン写真

⑬年金の払渡しを受けることを希望する金融機関又は郵便局

金融機関（郵便貯金銀行を除く。）
名称
※ 金融機関店舗コード
○○　銀行・金庫農協・漁協・信組　赤羽　本店・本所出張所・支店・支所
預金通帳の記号番号　普通・当座　第 1234567 号

郵便貯金銀行の支店等又は郵便局
フリガナ
名称
※ 郵便局コード
所在地　都道府県　市郡区
預金通帳の記号番号　第　　号

障害補償給付障害給付複数事業労働者障害給付障害特別支給金障害特別年金障害特別一時金の支給を請求します。
の支給を申請します。

○○ 年 7 月 10 日

上野 労働基準監督署長 殿

〒 114 － 0033
電話（ 03 ）××××ー○○○○
請求人の申請人　住所 東京都北区十条台5-×-×
氏名 滝沢 勉

この件手続を裏面に記載の社会保険労務士に委任します。

様式第10号（裏面）

⑭その他就業先の有無			
有・無	有の場合のその数（ただし表面の事業場を含まない）　　社	有の場合でいずれかの事業で特別加入している場合の特別加入状況（ただし表面の事業を含まない）労働保険事務組合又は特別加入団体の名称	
労働保険番号（特別加入）	加入年月日		年 月 日
	給付基礎日額		円

> 複数の事業場に勤務する場合は、忘れずに記入する。

130

◎通勤災害による場合に必要となる書類の記載例◎

様式第16号の7（別紙）

通 勤 災 害 に 関 す る 事 項

㋑ 労 働 者 の 氏 名	山田 太郎		
㋺ 災害時の通勤の種別 （該当する記号を記入）	イ	イ、住居から就業の場所への移動　　　ロ、就業の場所から住居への移動 ハ、就業の場所から他の就業の場所への移動 ニ、イに先行する住居間の移動　　　　ホ、ロに後続する住居間の移動	
㋩ 負傷又は発病の年月日及び時刻	○○ 年 2 月 9 日 午(前)後 8 時 45 分頃		
㋥ 災 害 発 生 の 場 所	渋谷区恵比寿１丁目付近		
㋭ 就 業 の 場 所 （災害時の通勤の種別がハに該当する 場合は移動の終点たる就業の場所）	東京都渋谷区恵比寿 1-×-×		
㋬ 就業開始の予定年月日及び時刻 （災害時の通勤の種別がイ、ハ又はニ に該当する場合は記載すること）	○○ 年 2 月 9 日 午(前)後 9 時 00 分頃		
㋣ 住居を離れた年月日及び時刻 （災害時の通勤の種別がイ、ニ又はホ に該当する場合は記載すること）	○○ 年 2 月 9 日 午(前)後 8 時 20 分頃		
㋠ 就業終了の年月日及び時刻 （災害時の通勤の種別がロ、ハ又はホ に該当する場合は記載すること）	年 月 日 午 前後 時 分頃		
㋷ 就業の場所を離れた年月日及び時刻 （災害時の通勤の種別がロ又はハに該 当する場合は記載すること）	年 月 日 午 前後 時 分頃		

㋦ 災害時の通勤の種別に関する移動の通常の経路及び方法並びに災害発生の日に住居又は就業の場所から災害発生の場所に至った経路、方法、所要時間その他の状況	自宅 ──徒歩10分── 品川駅 ┿┿┿JR9分┿┿┿ 恵比寿駅 ──徒歩5分── 会社 　　工事現場　JR　恵比寿駅　災害発生　会社 （通常の移動の所要時間）　時間 24 分
㋧ 災害の原因及び発生状況 （あ）どのような場所を （い）どのような方法で移動している際に （う）どのような物で又はどのような状況において （え）どのようにして災害が発生したか を簡明に記載すること	自宅より通常の経路で出勤途中、恵比寿駅から徒歩で会社に向かっていたところ、工事現場のクレーンから落下した資材の下敷きになり、両足を骨折した。

㋨ 現 認 者 の	住 所	東京都北区十条台 10-×-×		
	氏 名	富田 正男	電話 （ 03 ）××××-○○××	
㋩ 転任の事実の有無（災 害時の通勤の種別がニ 又はホに該当する場合）	有 ・ 無	㋬ 転任の直前の住 居に係る住所		

> 災害を確認した人がいれば記入する。

〔注意〕

1．㋭は、災害時の通勤の種別がハの場合には、移動の終点たる就〔 〕予定年月日及び時刻を、ニの場合には、後続するイの移動の終点たる就業の場所における就業開〔 〕記載すること。

2．㋬は、災害時の通勤の種別がハの場合には、移動の起点たる就〔 〕月日及び時刻を、ホの場合には、先行するロの移動の起点たる就業の場所における就業終了の年月日及び時刻を記載すること。

3．㋷は、災害時の通勤の種別がハの場合には、移動の起点たる就業の場所を離れた年月日及び時刻を記載すること。

4．㋦は、通常の通勤の経路を図示し、災害発生の場所及び災害の発生の日に住居又は就業の場所から災害発生の場所に至った経路を朱線等を用いてわかりやすく記載するとともに、その他の事項についてもできるだけ詳細に記載すること。

●医師の診断書が必要なので、必ず記入してもらってください。診断書を作成してもらうためにかかった費用は、業務災害の場合は様式第7号「療養補償給付たる療養の費用請求書」、通勤災害の場合は様式第16号の5「療養給付たる療養の費用請求書」をあわせて提出し、請求します。

●必要に応じて、レントゲン写真等の提出を求められることもあります。

●労働基準監督署の窓口で提出する場合、個人番号確認と身元確認が行なわれるので、本人確認書類を持参しましょう。郵送による場合も、本人確認書類を同封する必要があります。郵送する場合は、簡易書留など追跡可能な方法で送付するべきでしょう。

＜本人確認書類＞

・個人番号カード

・通知カード＋運転免許証　など

提出先

被災労働者が所属する事業所を管轄する労働基準監督署

いつまでに

　傷病が治った日の翌日から5年間までは有効ですが、労働者の生活や、請求してから給付金の支給決定までに時間を要することも考慮し、医師の診断書が入手できたら早めに提出しましょう。

2-11 「障害（補償）年金前払一時金請求書」の書き方

提出目的

　障害（補償）年金を受給する権利のある被災労働者が、まとまった生活費を必要とする場合を想定して、年金額のうち一定の日数までの分を先に受け取れる制度があります。

前払一時金制度のしくみ

　この制度による前払一時金を請求できる人は、障害等級第1級から第7級までの人です。障害等級に応じて、指定された日数（書式の「請求する給付日数」欄を参照）のなかから選択した日数分の給付額を受給することができます。

　なお、前払一時金が支給されると、障害（補償）年金の支給分としての合計額（1年が過ぎてからは年5％の単位で割り引いた金額）が前払一時金の額に達するまでの間、年金支給が停止されます。

請求手続き

● 年金申請様式第10号に記入して、提出します。
● 会社の証明や事業主印は必要ありません。

提出先

被災労働者が所属する事業所を管轄する労働基準監督署

いつまでに

　障害（補償）年金の請求と同時に行なうのが一般的です。後日、前払いの希望が出た場合も、障害（補償）年金の支給決定通知のあった日の翌日から起算して1年以内であれば請求できます。

　障害（補償）年金の請求自体を行なっていないのであれば、傷病が治った日の翌日から2年間、請求することができます。

◎前払一時金を請求する際の記載例◎

年金申請様式第10号

労働者災害補償保険

障害補償年金
複数事業労働者障害年金 **前払一時金請求書**
障害年金

年金証書の番号	管轄局	種別	西暦年	番号
	1 3	3	1 2	1 2 3 4

請求人 （被災労働者）	氏名	上田 一馬	生年月日	明 大 ㊽ 平 令 ××年11月21日
	住所	大田区大森西 5-×-×		

請求する給付日数（チェックを入れる）	第一級	200 400 600 800 1000 1200 1340 日分	（　　　　　）	労災年金受給の有無
	第二級	200 400 600 800 1000 1190 日分	（　　　　　）	
	第三級	200 400 600 800 1000 1050 日分	（　　　　　）	
	第四級	200 400 600 800 920 日分	（　　　　　）	
	第五級	200 400 600 790 日分	（　　　　　）	
	第六級	200 400 600 670 日分	（　　　　　）	
	第七級	200 400 560 日分	（　　　　　）	

受けている／受けていない

上記のとおり **障害補償年金**／複数事業労働者障害年金／障害年金 前払一時金を請求します。

> **請求する給付日数を丸で囲む。**

令和〇〇 年 4 月 25 日

郵便番号 143 － 0015　　電話番号 03 －〇〇〇〇－××××

請求人の
（代表者）
　住所　　大田区大森西 5-×-×
　氏名　　上田 一馬

大田 労働基準監督署長 殿

振込を希望する銀行等の名称	預金の種類及び口座番号
〇〇 銀行・金庫 農協 漁協 信組　赤羽 本店 支店 支所	普通 当座 第 56789 号 名義人 上田 一馬

> **年金の支給決定がおりたあとの場合は、番号を記入する。障害（補償）年金の請求と同時に請求する場合は空欄で提出する。**

（注）請求する給付日数欄の（　）には、加重障害の給付日数を記入すること

134

2-12 「障害（補償）年金差額一時金 支給請求書」の書き方

提出目的

　障害（補償）年金の受給権のある人が早期に死亡してしまった場合、その受給権者に給付した年金額は低くなってしまいます。そこで、一定額以上の給付が確実に行なわれるようにするために、残された遺族に対して、死亡した受給権者本人が受け取れなかった障害（補償）年金が受け取れる制度があります。

年金差額一時金制度のしくみ

　障害（補償）年金差額一時金を請求できる人は、遺族のなかで優先順位（①～⑫）が決められており、順位が最も高い遺族が差額一時金を受け取る権利があります。

遺族の順位

● 労働者の死亡当時、その者と生計を同じくしていた
　①配偶者、②子、③父母、④孫、⑤祖父母、⑥兄弟姉妹
● 労働者の死亡当時、その者と生計を同じくしていなかった
　⑦配偶者、⑧子、⑨父母、⑩孫、⑪祖父母、⑫兄弟姉妹
（※）「配偶者」には、婚姻の届出をしていないが、事実上、婚姻関係と同様の事情にあった者を含みます。

　支給される金額は、障害等級別に決められた一定額（137ページの表参照）と、年金の受給権者自身がすでに受け取った障害（補償）年金と障害（補償）年金前払一時金の合計額との差額です。障害特別年金の差額も受け取ることができます。

◎年金差額一時金を請求する際の記載例◎

様式第37号の2（表面）

労働者災害補償保険

障害補償年金差額一時金支給請求書
複数事業労働者障害年金差額一時金支給請求書
障害年金差額一時金支給請求書
障害特別年金差額一時金支給申請書

① 年 金 証 書 番 号				② 死亡労働者の	フリガナ	アカギ　マサオ		
					氏　　名	赤木　正男		(男・女)
管轄局	種別	西暦年	番　　　号		生 年 月 日	昭和××年　5　月　12　日（48歳）		
1 3	3	1 3	3 4 5 6		死亡年月日	令和〇〇年　7　月　5　日		

	氏　　名	生年月日	住　　　所	死亡労働者との関係	請求人（申請人）の代表者を選任しないときはその理由
③ 請求人 申請人	赤木貴子	××年8月3日	東京都文京区音羽2-×-×	妻	
		年　月　日			
		年　月　日			
		年　月　日			
		年　月　日			

残された遺族のなかで、最優先順位者が請求を行なう。

④	添 付 す る 書 類 その他の資料名	戸籍謄本 ←

死亡した人との関係を証明する書類が必要。

障害補償年金差額一時金又は複数事業労働者障害年金差額一時金の支給を請求

上記により　障害年金差額一時金の支給を請求　します。
　　　　　　障害特別年金差額一時金の支給を申請

令和〇〇年　8　月　20日　　　　　　　　　　〒 112 － 0012　電話（　　）0000－××××

　　　　　　　　　　　　　　　請求人　　　住　所　東京都文京区音羽 2-×-×
　　　　　　　　　　　　　　　申請人　の
　　　　　　　　　　　　　　　（代表者）　　　　　　　　　　　　　　　　　　　　　　　　方

中央　労働基準監督署長　殿　　　　　　　氏　名　赤木　貴子

振込を希望する金融機関の名称			預金の種類及び口座番号	
〇〇	銀行・金庫 農協・漁協・信組	大塚	本店・本所 出張所 支店・支所	普通・当座　第　234567　号
				口座名義人　赤木　貴子

■障害等級別の一定額

	障害（補償）年金 差額一時金	障害特別年金 差額一時金
第1級	給付基礎日額の1,340日分	算定基礎日額の1,340日分
第2級	給付基礎日額の1,190日分	算定基礎日額の1,190日分
第3級	給付基礎日額の1,050日分	算定基礎日額の1,050日分
第4級	給付基礎日額の920日分	算定基礎日額の920日分
第5級	給付基礎日額の790日分	算定基礎日額の790日分
第6級	給付基礎日額の670日分	算定基礎日額の670日分
第7級	給付基礎日額の560日分	算定基礎日額の560日分

請求手続き

- 様式第37号の2に記入し、提出します。
- 会社の証明、事業主印は必要ありません。
- 戸籍謄本など、死亡した労働者との関係を証明できる書類の添付が必ず必要です。
- 請求する人や状況によって、後日、労働基準監督署から戸籍謄本以外の書類の提出を求められることがあります。

提出先

被災労働者が所属する事業所を管轄する労働基準監督署

いつまでに

　障害補償年金（障害年金）の受給権者が死亡した日の翌日から5年以内が請求期限です。死亡してからしばらく時間がたってしまった場合でも、この期間内であれば、請求は可能です。

2-13 「外科後処置申請書」の書き方

提出目的

　労災保険からの給付は、障害（補償）給付や遺族（補償）給付を除き、ケガや病気が治った場合には行なわれません。しかし、ケガや病気が治った場合でも、次のような診療が必要な場合があります。

- 義肢を装着するために失った手足の断端部の再手術を行なう
- 顔面に残った醜状を軽減するため、整形手術を行なう
- 治癒後も残っている神経症状を消退させるため、電気治療やマッサージなどの理学療法を行なう

　これらの場合は、被災労働者の労働能力を回復し、社会復帰の促進を図るために**労災保険の「社会復帰等促進事業」の「外科後処置」という制度**を使うことができます。

　なお、外科後処置が必要と認められれば、診療にかかった費用だけでなく、指定の医療機関（主に労災指定病院）に行くまでの交通費も支給されます。

　ただし、外科後処置が受けられるのは、労災保険の障害（補償）給付の支給決定を受けた人のうち、外科後処置により、失った労働能力を回復できる見込みがある、もしくは醜状を軽減し得る見込みのある場合に限られます。

請求手続き

- 様式第1号に記入して、提出します。
- 様式第2号の診査表を医師に記入してもらい、添付します。
- 交通費、宿泊費を請求する場合は、様式第5号の「外科後処置旅費支給申請書」に記入して提出します。
- 会社の証明や事業主印は必要ありません。

提出先　　被災当時に所属していた事業所を管轄する労働基準監督署

いつまでに　　特に期日はありません。

◎外科後処置制度を利用する際の記載例◎

様式第1号

労働者災害補償保険

外 科 後 処 置 申 請 書

___東　京___ 労働局長　殿

外科後処置を受けたいので、診査表を添付の上、下記のとおり申請します。

令和○○年 10 月 25 日

（〒 336 － 0034 ）

住　　所　埼玉県さいたま市南区内谷○-○-○

申請者の　電話番号　048-○○○-××××

氏　　名　　松田　明　　生年月日　昭和××年 8 月 15 日生

（記名押印又は署名）

1．労働保険番号

府県	所掌	管轄	基 幹 番 号							枝番号		
1 1	1	0 2	3	4	5	6	7	8	0	0 0		

2．負傷（発病）　令和○○年 2 月 12 日

治　　ゆ　令和○○年 8 月 25 日

3．傷 病 名　挫滅切断

傷害の部位　左腕関節

4．障害等級　第 5 級第 2 号

5．障害補償一時金又は
　障害一時金の受領 ＿＿＿年＿＿＿月＿＿＿日

　障害補償年金又は
　障害年金の支給決定 令和○○年 × 月 × 日

（年金証書　第＿＿＿ 3456789 ＿＿＿号）

6．外科後処置を受けたい医療機関名、所在地

医療機関名　大森労災病院

所在地　東京都大田区大森○-○-○

7．受けたい外科後処置のあらまし

　義手（左手）装着のための断端部の再手術

> 今回の申請対象の
> 理由を記入する。

保 険 給 付 記録票照合欄		処 理 欄		原 票 記 入 者 印
申請書記載事項 1〜5 と照合のこと		交 付 年 月 日	承 認 書 契 印	
署 名		年　　月　　日		
		課 長	承 認 番 号	
照 合 責任者印		補 佐	No.（整）	
		係 長		

> 障害（補償）給付の
> 支給決定が前提なの
> で、どちらか該当す
> るほうに日付を記入
> する。

139

◎交通費を請求する際の記載例◎

様式第5号（1）（表面）

労 働 者 災 害 補 償 保 険

外科後処置旅費支給申請書

___東京___ 労働局長　殿

外科後処置旅費の支給を受けたいので、下記のとおり申請します。

令和 ○○年 × 月 × 日

（〒 336-0034 ）

住　　所	埼玉県さいたま市南区内谷○-○-○	
申請者の 電話番号	（ 048 ）－ ○○○ － ××××	
氏　　名	松田　明	（記名押印又は署名）

外科後処置の申請を行ない、承認がおりた後で番号が発行される。承認後の申請の場合は、番号を記入する。

1　承認書番号　No._____ ※前払いを受ける場合、記入は不要です。

2　旅　　費　_____ **2,154** 円　（内訳を裏面に記入してください。）

事実証明 ※前払いを受ける場合、記入は不要です。	上記申請者が、当医療機関において、令和 ○○年 × 月 ○ 日より令和 ○○年 ○ 月 × 日まで、外科後処置を行ったことを証明します。 令和 ○○年 × 月 × 日 住　　所　東京都大田区大森○-○-○ 電話番号（ 03 ）－ ×××× － ○○○○ 医療機関名　大森労災病院 氏　　名　医師　山川　孝夫	医師の証明をもらう。

振り込みを希望する金融機関の名称	○○ (銀行) 金庫　本店・本所 農協・漁協　　　出張所 浦和 信組 (支店) 支所	預金の種類	(普通) 当座
		口座番号	666666
		口座名義人	松田　明

140

2-14 「遺族（補償）年金支給請求書」の書き方

提出目的

　遺族（補償）年金は、労働者が業務災害・通勤災害により死亡した場合に、その遺族に対して、生活保障を目的として支給されるものです。

遺族補償年金のしくみ

　遺族（補償）年金は、死亡した労働者の遺族が請求をします。

　遺族（補償）年金を受け取れる遺族は、労働者の配偶者、子、父母、孫、祖父母および兄弟姉妹です。法律上の順番もこの通りですが、労働者の死亡当時に、その収入によって生計を維持していたことが要件です。被災労働者の収入によって生計を維持していたとは、もっぱらまたは主として被災労働者の収入によって生計を維持していた場合だけでなく、被災労働者の収入によって生計の一部を維持していた場合も含まれます。

　そして、生計維持要件のほかに年齢要件と障害要件も設けられており、遺族の順位は、実際には次のようになります。

---

①妻または、60歳以上または一定の障害の状態にある夫

②18歳に達する日以後の最初の３月31日までの間にある子または一定の障害の状態にある子

③60歳以上または一定の障害の状態にある父母

④18歳に達する日以後の最初の３月31日までの間にある孫または一定の障害の状態にある孫

⑤60歳以上または一定の障害の状態にある祖父母

⑥18歳に達する日以後の最初の３月31日までの間にある兄弟姉妹、もしくは60歳以上の兄弟姉妹または一定の障害の状態にある兄弟姉妹

---

⑦55歳以上60歳未満の夫

⑧55歳以上60歳未満の父母

⑨55歳以上60歳未満の祖父母

⑩55歳以上60歳未満の兄弟姉妹

　上記①から⑩の要件をクリアした遺族を「受給資格者」と呼びます。また、①から⑩のなかで順位が一番の遺族を「受給権者」と呼びます。

　なお、ここでいう「一定の障害」とは、障害等級の第5等級以上をいいます。また、⑦から⑩の遺族が、受給権者（順位が1位）の場合、60歳の誕生月までは、遺族（補償）年金の支給は停止されます（若年支給停止）。

　遺族（補償）年金の額は、下表のとおりです。

　ポイントは、遺族の数により年金額が決まることです。遺族の数え方は、受給権者本人（たとえば妻）と、受給権者と生計を同じくしている受給資格者（たとえば18歳未満の子）の合計となります。また、若年支給停止の対象者は、下表の遺族の数に含めることはできません（60歳になって初めてカウントをし、再計算します）。

遺族の数	遺族（補償）年金の額	遺族特別支給金(一時金)	遺族特別年金
1人	給付基礎日額の153日分。ただし、55歳以上の妻または一定の障害の状態にある妻は給付基礎日額の175日分	一律300万円	算定基礎日額の153日分。ただし、55歳以上の妻または一定の障害の状態にある妻は算定基礎日額の175日分
2人	給付基礎日額の201日分		算定基礎日額の201日分
3人	給付基礎日額の223日分		算定基礎日額の223日分
4人以上	給付基礎日額の245日分		算定基礎日額の245日分

　上表にあるように、「遺族特別支給金（一時金）」が加算され、賞与の支給があった場合には「遺族特別年金」も加算されます。

◎業務災害による場合の記載例◎

様式第12号（表面）

労働者災害補償保険　遺族補償年金／複数事業労働者遺族年金／遺族特別支給金　支給請求書・支給申請書　遺族年金支給申請書　年金新規報告書提出

業務災害用／複数業務要因災害用

同一の事由による厚生年金保険等の年金を受給する場合は記入する。

災害の原因及び発生状況：当社工場内で、天井クレーンを操作していた労働者が、操作を誤り、工場内に立てかけてあった2トンの鉄板にクレーンを当ててしまい、鉄板が倒れ、プレス作業中の滝沢勉が鉄板の下敷きになってしまい、搬送先の病院で死亡した。

死亡労働者：氏名 滝沢 勉（男）、生年月日 昭和XX年1月11日（39歳）、職種 プレス工

負傷又は発病年月日 ○○年12月20日、死亡 午後10時30分頃、死亡年月日 ○○年12月20日

平均賃金 12,603円25銭、特別給与の総額（年額）1,200,000円

○○年12月27日

事業の名称 川合工業株式会社　電話（03）○○○○－××××　〒110-0001
事業場の所在地 東京都台東区谷中2－○
事業主の氏名 代表取締役 川合 高弘

受給権について記入。2人いる場合は、1人を代表として記入する。

請求人 氏名 滝沢 美香、生年月日 昭和○○・3・6、住所 足立区千住1-○-○、死亡労働者との関係 妻、障害の有無 ある・（ない）

受給資格者全員を記入。

氏名 滝沢 奈々、生年月日 平成○○・2・2、住所 足立区千住1-○-○、死亡労働者との関係 長女、障害の有無 ある・（ない）、生計を同じくしているか （いる）・いない

添付する書類その他の資料名：死亡診断書、戸籍謄本

年金の払渡しを受けることを希望する金融機関又は郵便局：（銀行）・金庫・農協・漁協・信組 渋谷駅前 支店　（普通）・当座 第1234567号

〒120-0034　電話（03）××××－○○○○
請求人申請人（代表者）の 住所 足立区千住1-○-○　氏名 滝沢 美香

○○年12月28日　上野 労働基準監督署長 殿

様式第12号（裏面）

⑭その他就業先の有無：有／（無）

複数の事業場に勤務する場合は、忘れずに記入する。

143

◎通勤災害の場合の必要書類の記載例◎

様式第16号の8（別紙）

通勤災害に関する事項

㋑ 労働者の氏名	高井　弘							

㋺ 災害時の通勤の種別 （該当する記号を記入）	イ	イ．住居から就業の場所への移動　　　　　　　ロ．就業の場所から住居への移動 ハ．就業の場所から他の就業の場所への移動 ニ．イに先行する住居間の移動　　　　　　　　ホ．ロに後続する住居間の移動						

㋩ 負傷又は発病の年月日及び時刻	○○年 3月 3日　午前 7時 30分頃

㋥ 災害発生の場所	足立区千住寿町1丁目交差点

㋭ 就業の場所 （災害時の通勤の種別がハに該当する場合は移動の終点たる就業の場所）	渋谷区恵比寿西1－○－○

㋬ 就業開始の予定年月日及び時刻 （災害時の通勤の種別がイ、ハ又はニに該当する場合は記載すること）	○○年 3月 3日　午前 9時 00分頃

㋣ 住居を離れた年月日及び時刻 （災害時の通勤の種別がイ、ニ又はホに該当する場合は記載すること）	○○年 3月 3日　午前 7時 10分頃

㋠ 就業終了の年月日及び時刻 （災害時の通勤の種別がロ、ハ又はホに該当する場合は記載すること）	年 月 日　午前後 時 分頃

㋷ 就業の場所を離れた年月日及び時刻 （災害時の通勤の種別がロ又はハに該当する場合は記載すること）	年 月 日　午前後 時 分頃

通勤の種別により記入項目が異なる。

㋦ 災害時の通勤の種別に関する移動の通常の経路、方法及び所要時間並びに災害発生の日に就業又は就業の場所から災害発生の場所に至った経路、方法、所要時間その他の状況	自宅 ─徒歩10分→ 北千住駅 ─日比谷線45分→ 恵比寿駅 ─徒歩5分→ 会社 （通常の移動の所要時間 1時間00分）

㋨ 災害の原因及び発生状況 （あ）どのような場所を （い）どのような方法で移動している際に （う）どのような物で又はどのような状況において （え）どのようにして災害が発生したかを簡明に記載すること	出勤のため、自宅から徒歩で北千住駅へ向かう途中、足立区千住寿町1丁目交差点の横断歩道を渡ろうとしたところ、急停止したトラックの荷がくずれ落ち、その下敷きとなって死亡した。

㋩ 現認者の	住所	足立区千住寿町2－○－○	
	氏名	沼田　秋男	電話（ 03 ）○××○－○○○○

㋪ 転任の事実の有無（災害時の通勤の種別がニ又はホに該当する場合）	有 ・ 無	㋫ 転任の直前の住居に係る住所	

> **どのような場所で、どのような状態で、どのようにして災害が発生したのか、わかりやすく記入する。**

> **災害発生を確認した人の住所、氏名を記入。該当者がいない場合は、災害発生の報告を受けた会社の人の職名、氏名を記入。**

〔注意〕

1．㋬は、災害時の通勤の種別がイ、ハ又はニに該当する場合には就業開始の予定年月日及び時刻を、ニの場合には、後続するイの移動の終点たる就業の場所における就業開始の予定年月日及び時刻を記載すること。

2．㋠は、災害時の通勤の種別がロ、ハ又はホに該当する場合には就業終了の年月日及び時刻を、ホの場合には、先行するロの移動の起点たる就業の場所における就業終了の年月日及び時刻を記載すること。

3．㋷は、災害時の通勤の種別がハの場合には、移動の起点たる就業の場所を離れた年月日及び時刻を記載すること。

4．㋦は、通常の通勤の経路を図示し、災害発生の場所及び災害の発生の日に住居又は就業の場所から災害発生の場所に至った経路を朱線等を用いてわかりやすく記載するとともに、その他の事項についてもできるだけ詳細に記載すること。

請求手続き

● 業務災害の場合…「遺族補償年金支給請求書」（様式第12号）

● 通勤災害の場合…「遺族年金支給請求書」（様式第16号の8）

（別紙「通勤災害に関する事項」も必要）

● 必ず用意する書類は、以下のとおりです。

・死亡診断書、死体検案書、検視調書またはそれらの記載事項証
　明書など、被災労働者の死亡の事実および死亡の年月日を証明
　する書類

・戸籍の謄本、抄本など、請求人および他の受給資格者と被災労
　働者との身分関係を証明することができる書類

・請求人および他の受給資格者が被災労働者の収入によって生計
　維持されていたことを証明する書類（住民票や仕送り額が記載
　された通帳など）

● 労働基準監督署の窓口で提出する場合、個人番号確認と身元確認
が行なわれるので、本人確認書類を持参しましょう。郵送による
場合も、本人確認書類を同封する必要があります。郵送する場合
は、簡易書留など追跡可能な方法で送付するべきでしょう。

＜本人確認書類＞

・個人番号カード

・通知カード＋運転免許証　など

● その他、状況に応じて他の書類の提出を求められることがありま
す。

提出先

被災労働者が所属する事業所を管轄する労働基準監督署

いつまでに

被災労働者が死亡した日の翌日から起算して5年以内

「遺族（補償）年金前払一時金請求書」の書き方

提出目的

　遺族（補償）年金前払一時金は、死亡した労働者の遺族が、当面の生活費や葬儀費用など、一時的にまとまったお金が必要になるケースを想定して、一時金として支給をする制度です。

遺族（補償）年金前払一時金制度のしくみ

　遺族（補償）年金前払一時金は、死亡した労働者の遺族が請求し、遺族（補償）年金の請求と同時に行なうのが原則です。

　55歳以上60歳未満の若年支給停止（前項参照）の対象者でも、受給権者（順位が1位）なら請求可能です。

　この前払一時金請求は、1回に限り行なうことができるのがルールです。後述する「転給」（2-17項参照）により遺族（補償）年金の受給権者（順位が1位）になった者は、先に受給権者だった者が前払一時金を請求していたら、請求人が変わったとしても、前払一時金の請求はできません。

　前払一時金が支給された場合には、遺族（補償）年金は、各月分（1年たってからの分は、年5％の単利で割り引いた額）の合計額が、前払一時金の額に達するまでの間は、支給が停止されます。

　前払一時金の額は、給付基礎日額の200日分、400日分、600日分、800日分、1,000日分に相当する額のうち、受給権者の選択した額となります。

請求手続き

- 年金申請様式第1号「遺族（補償）年金前払一時金請求書」に記入して提出します。
- 添付する書類は特にありません。
- 被災労働者が亡くなった日の翌日から2年以内で、かつ、遺族（補償）年金の支給決定の通知のあった日の翌日から1年以内であれ

労働者災害補償保険

年金申請様式第1号

遺族補償年金前払一時金を請求する場合は、遺族補償年金を丸で囲む。

遺族補償年金
遺族年金 　前払一時金請求書

年金証書の番号	管轄局	種別	西暦年	番　号
	1　3	5	2　7	1　3　5　7

| 死亡労働者 | 氏　名 | 山田太郎 | | |
| | 住　所 | 足立区千住 1-〇-〇 | | |

	氏　名（記名押印又は署名）	生年月日	住　　　　所
請	山田 花子	明⑳昭令 60年1月9日	足立区千住 1-〇-〇
求	山田 一郎	明大昭平令 20年3月3日	足立区千住 1-〇-〇
人	山田 百合子	明大昭平令 22年4月1日	足立区千住 1-〇-〇
		明大昭平令 　年　月　日	
		明大昭平令 　年　月　日	

労災年金受給の有無を選択する ⦅受けている⦆受けていない	請求する 給付日数 （ 200　400　600　⑧⑩⑩　1000日分） 選択する

上記のとおり 遺族補償年金
遺族年金 前払一時金を請求します。

年金支給の決定通知があった後で請求する場合に記入。

振込を希望する銀行等の名称	令和〇〇 年 3 月 27 日
〇　〇 ⦅銀　行⦆　金　庫　農協　漁協　信組	電話番号　　03 － ××××－〇〇〇〇
渋谷駅前 本店⦅支店⦆支所	郵便番号　120 － 0034
預金の種類及び口座番号	請求人の（代表者）　住所　　足立区千住1-〇-〇
⦅普　通⦆当　座 第 1234567 　号	氏名　　山田　花子
名義人　山田 花子	渋　谷　労働基準監督署長　殿

ば、遺族（補償）年金を受けたあとでも前払一時金を請求することが可能です。この場合は、給付基礎日額の1,000日分から、すでに支給された遺族（補償）年金の額の合計額を減じた額の範囲（少なくとも1,000日は選べない）で請求することが可能です。

提出先
被災労働者が所属する事業所を管轄する労働基準監督署

いつまでに
被災労働者が死亡した日の翌日から起算して2年以内、かつ、年金の支給決定の通知のあった日の翌日から1年以内

2-16 「遺族（補償）年金代表者選任・解任届」の書き方

提出目的

　遺族（補償）年金の受給権者が２人以上いるときは、その代表者の選任や解任を行なう必要があります。

代表者選任・解任届のしくみ

　遺族（補償）年金の受給権者が２人以上いる場合は、そのうちの１人を、年金の請求と受領の代表者として選任を行なう必要があります。

　届出書を提出する者は、遺族（補償）年金の受給権者です。

　子が受給権者のときは、失権の要件が、18歳の誕生日以後の最初の３月31日と早く設定されているため、子が複数存在するときは一番年齢が若い者を代表者に選任しておくと手続きを何度もせずに済みます。

　また、子が別々に親戚に預けられるようなやむを得ない理由がある場合には、２人以上の受給権者がそれぞれ別に請求することが可能なので、代表者選任届の提出は不要になります。この場合は、遺族（補償）年金支給請求書に、代表者を選任できない理由を記入してください。

請求手続き

●年金申請様式第７号「遺族補償年金 代表者選任・解任届」に記入して提出します。
●年金を請求するとき、または転給により年金を請求するときに提出します。

提出先

被災労働者が所属する事業場を管轄する労働基準監督署

いつまでに

遅滞なく

◎代表者を選任するときの記載例◎

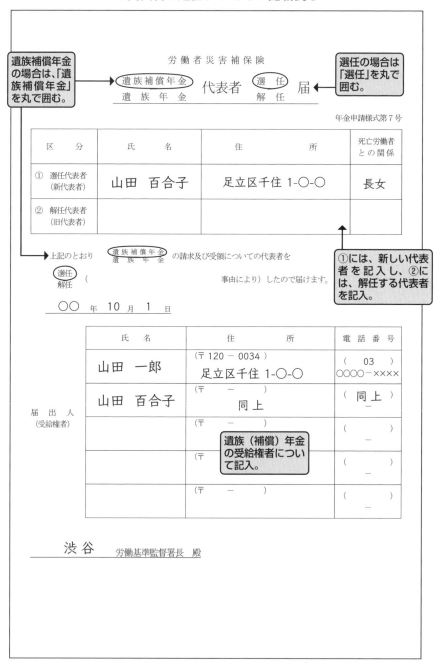

遺族補償年金の場合は、「遺族補償年金」を丸で囲む。

選任の場合は「選任」を丸で囲む。

労働者災害補償保険

遺族補償年金
遺族年金 代表者 選任
解任 届

年金申請様式第7号

区　分	氏　　名	住　　　所	死亡労働者との関係
① 選任代表者（新代表者）	山田　百合子	足立区千住 1-○-○	長女
② 解任代表者（旧代表者）			

上記のとおり　遺族補償年金／遺族年金　の請求及び受領についての代表者を

選任／解任　（　　　　　　　　　　　　事由により）したので届けます。

①には、新しい代表者を記入し、②には、解任する代表者を記入。

○○ 年 10 月 1 日

氏　　名	住　　　　所	電話番号
山田　一郎	（〒 120 － 0034 ）足立区千住 1-○-○	（　03　）○○○○－××××
山田　百合子	（〒　　－　　）同上	（　同上　）－
	（〒　　－　　）	（　　　）－
	（〒　　－　　）	（　　　）－
	（〒　　－　　）	（　　　）－

届出人（受給権者）

遺族（補償）年金の受給権者について記入。

渋谷　労働基準監督署長　殿

150

2-17 「遺族（補償）年金転給等請求書」の書き方

提出目的

　遺族（補償）年金の受給権者が、年金を受けられる要件がなくなり失権をした場合は、次の順位の遺族（受給資格者）が、受給権者となり、引き続き遺族（補償）年金を受け取ることができます。これを「転給」と呼び、受給権者がいなくなるまで、転給を行なうことができます。

遺族（補償）年金の転給等請求のしくみ

　遺族（補償）年金は、以下に掲げる「失権・失格事項」に該当すると、現在受給している受給権者および受給資格者の権利は失われます。転給等請求書は、次順位の受給資格者が提出します。

①死亡したとき
②婚姻したとき（内縁を含む）
③直系血族または直系姻族以外の者の養子（事実上の養子を含む）となったとき
④離縁（養子縁組解消）により、死亡労働者との親族関係が終了したとき
⑤子、孫、または兄弟姉妹については、18歳に達する日以後の最初の3月31日が終了したとき（労働者の死亡当時から引き続き一定の障害の状態にあるときを除く）
⑥障害のため受給権者または受給資格者となっていた妻以外（＝夫、子、父母、孫、祖父母または兄弟姉妹）の障害状態がなくなったとき
⑦他の遺族が遺族（補償）年金を受けていたが、労働者の死亡の当時、胎児であった子が出生し、その子が新たに遺族（補償）年金を受けようとするとき

◎遺族（補償）年金を転給する場合の記載例◎

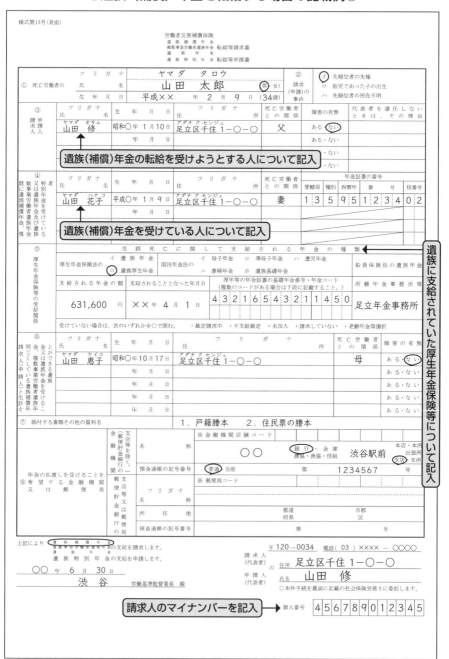

⑧遺族（補償）年金の受給権者の所在が１年以上明らかでない場合に、次順位者の支給停止の申請により、次順位者が遺族（補償）年金を受けようとするとき

　受給権者の受給権が上記の事由により消滅した場合には、遺族（補償）年金を受け続けることはできません。次の順位の受給資格者が受給権を取得し、新たな受給権者として遺族（補償）年金を受けることになります（年金額は改定されます）。

　受給権者が失権したときに、失権した人と同順位者の受給資格者がいる場合は、転給ではなく、年金額の改定事由になります。失権した人が年金受領の代表者に選任されていた場合は、あらためて「遺族（補償）年金代表者選任届」（年金様式第７号）を提出します。

請求手続き

● 様式第13号「遺族（補償）年金転給等申請書」に記入して提出します。

● 必ず用意する書類は、戸籍謄本、抄本など、請求人および請求人と生計を同じくしている他の受給資格者と被災労働者との身分関係を証明することができる書類です。そのほか、ケースに応じて証明書類が必要となることがあります。

● 労働基準監督署の窓口で提出する場合、個人番号確認と身元確認が行なわれるので、本人確認書類を持参しましょう。郵送による場合も、本人確認書類を同封する必要があります。郵送する場合は、簡易書留など追跡可能な方法で送付するべきでしょう。
　　＜本人確認書類＞
　　・個人番号カード　　・通知カード＋運転免許証　　など

提出先

被災労働者が所属する事業所を管轄する労働基準監督署

いつまでに

　期限はありませんが、転給申請書を提出しないと、年金の受給が停止されたままになります。

「葬祭料（葬祭給付）請求書」の書き方

提出目的

　「葬祭料（葬祭給付）」は、労働者が業務災害・通勤災害により死亡した場合、葬儀費用を補償するために用意された制度です。

葬祭料請求のしくみ

　葬祭料（葬祭給付）は、葬祭を行なう者に対して、その請求にもとづき支給されます。葬祭を行なう者は、通常は被災労働者の遺族となりますので、遺族が請求することになります。

　葬祭料の支給金額は、次のいずれか高いほうの額です。

①315,000円＋給付基礎日額の30日分

②給付基礎日額の60日分

請求手続き

● 業務災害の場合…「葬祭料請求書」（様式第16号）

● 通勤災害の場合…「葬祭給付請求書」（様式第16号の10）

● 必ず用意する書類は、死亡診断書、死体検案書、検視調書、またはそれらの記載事項証明書など、被災労働者の死亡の事実および死亡の年月日を証明することができる書類です（遺族（補償）年金の請求時にも、この証明書類を提出するので、同時申請を行なう場合に限り、改めて用意する必要はありません）。

提出先

被災労働者が所属する事業所を管轄する労働基準監督署

いつまでに

被災労働者が死亡した日の翌日から起算して２年以内

◎業務災害による場合の記載例◎

様式第16号（表面）

業務災害用
複数業務要因災害用

労 働 者 災 害 補 償 保 険
葬祭料又は複数事業労働者葬祭給付請求書

① 労 働 保 険 番 号				
府県	所掌	管轄	基幹番号	枝番号
13	1	08	1234560	000

② 年 金 証 書 の 番 号			
管轄局	種別	西暦年	番号

③ 請求人
フリガナ
氏　名　　山田　修
住　所　　足立区千住 1-○-
死亡労働者との関係　　父

> すでに遺族補償給付や傷病補償年金を受給している場合は記入不要。

④ 死亡労働者の

フリガナ	
氏　名	山田　太郎
生年月日	平成×× 年 2 月 9 日（34 歳）
職　種	配送・集金
所属事業場名称所在地	

（男・女）

> 死亡した労働者が傷病補償年金を受給していた場合には記入する。

⑤ 負傷又は発病年月日
○○ 年 3 月 13 日
午前・午後　2 時 00 分頃

⑦ 死亡年月日
○○ 年 3 月 13 日

⑥ 災害の原因及び発生状況
（あ）どのような場所で（い）どのような作業をしているときに（う）どのような物又は環境に（え）どのような不安全な又は有害な状態があって（お）どのような災害が発生したかを簡明に記載すること

郵便物配達途中、片側 1 車線の緩い右カーブで対向
してきた路線バスがセンターラインをはみ出してき
ため、バスの前方右側にバイクが正面衝突。頭や
胸を強打し、搬送先の病院で死亡した。

> 誰が見てもわかるように記入する。

⑧ 平 均 賃 金
10,629 円 38 銭

④の者については、⑤、⑥及び⑧に記載したとおりであることを証明します。

○○年 3 月 20 日

電話（　）0000－××××

事 業 の 名 称　村田運送　株式会社

事業場の所在地　東京都渋谷区恵比寿西 1-○-○

〒 150 － 0021

事 業 主 の 氏 名　代表取締役　村田　一郎
（法人その他の団体であるときはその名称及び代表者の氏名）

⑨ 添付する書類その他の資料名 | 遺族補償年金支給請求書に添付

上記により葬祭料又は複数事業労働者葬祭給付の支給を請求します。

様式第16号（裏面）

	⑩その他就業先の有無	
有	有の場合のその数（ただし表面の事業場を含まない）　　　　　社	有の場合でいずれかの事業で特別加入している場合の特別加入状況（ただし表面の事業を含まない）労働保険事務組合又は特別加入団体の名称
無	労働保険番号（特別加入）	加入年月日
		給付基礎日額　　　　　　　　　　　　　円

> 複数の事業場に勤務する場合は、忘れずに記入する。

〔注意〕

2-19 「介護（補償）給付支給請求書」の書き方

提出目的

　介護（補償）給付は、業務災害・通勤災害に被災した従業員が介護を必要とする場合に、その費用を補填する目的で創設された制度です。

介護（補償）給付のしくみ

　介護（補償）給付は、被災した従業員が請求をしますが、請求できる従業員は、次の2つの要件を満たす必要があります。

①障害（補償）年金または傷病（補償）年金の受給権者であって、障害等級・傷病等級が第1級または第2級の状態であり（第2級については精神神経・胸腹部臓器の障害）、常時または随時、介護を要する状態にあること

②常時または随時、介護を受けていること

　ただし、以下の施設に入所している場合、介護（補償）給付は受けられません。これらの施設に入所している間は、手厚い介護を受けていると考えるからです。

- 介護老人保健施設
- 介護医療院
- 障害者支援施設（生活介護を受けている場合に限る）
- 特別養護老人ホーム
- 原子爆弾被爆者特別擁護ホーム
- 病院または診療所

　なお、労災特別介護施設に入所している場合は、介護（補償）給付の対象になります。

　介護にはその程度に応じて「常時介護」と「随時介護」があり、それぞれで給付の金額が以下のとおり異なっています。

　【最高限度額】常時介護…177,950円、随時介護…81,290円

◎業務災害の場合の記載例◎

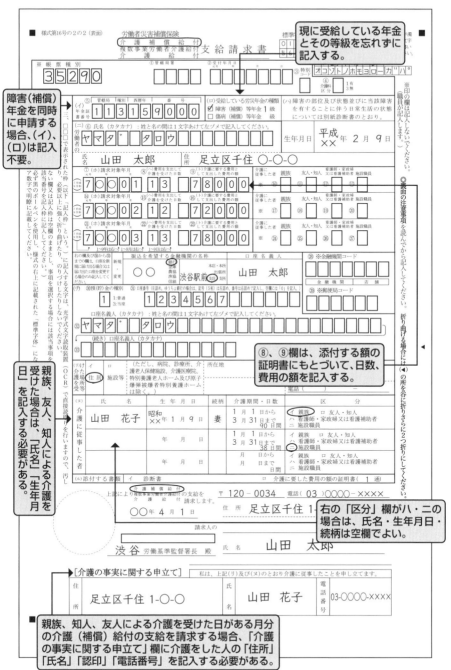

【最低保証額】常時介護…88,980円、随時介護…40,600円

　介護事業者等による介護を受けた場合には、最高限度額を超えない範囲で実際に支払った費用が支給されます。親族等による介護のみを受けた場合は、実際に発生したさまざまなコストを算定するのは困難であることから、一律で最低保証額が支給されます。

　なお、最高限度額・最低保証額は毎年4月に見直しが行なわれており、上記は令和6年度の金額です。

請求手続き

- 様式第16号の2の2「介護（補償）給付支給請求書」に記入して提出します。
- 「介護に要した費用の額の証明書」を添付します（費用の支出がなければ、提出不要）。
- 障害（補償）年金の受給権を有する場合は、障害（補償）年金の請求と同時または請求した後に、介護（補償）給付の請求をします。
- 傷病（補償）年金の受給権を有する場合は、傷病（補償）年金の支給決定を受けた後に、介護（補償）給付の請求をします。
- 必ず用意する書類は、医師または歯科医師の診断書です。
- 傷病（補償）年金の受給者および障害等級第1級3号・4号または第2級2号の2・2号の3に該当する場合は、診断書の添付は不要です。
- 2回目以降も継続して介護（補償）給付を請求する際にも、診断書の添付は不要です。
- 介護（補償）給付は、1か月ごとの月単位で請求することが原則です（3か月まとめて請求することも認められます）。

提出先

被災労働者が所属する事業所を管轄する労働基準監督署

いつまでに

介護を受けた月の翌月の1日から2年以内

◎介護に要した費用の額の証明書の記載例◎

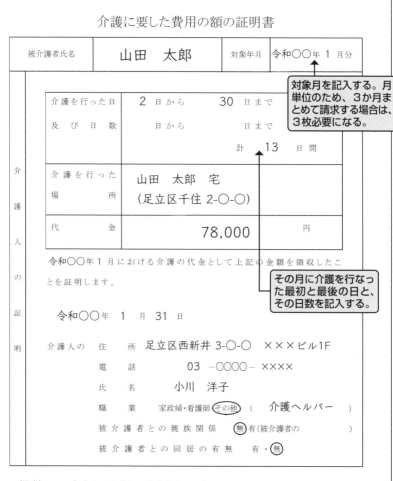

介護に要した費用の額の証明書

被介護者氏名	山田　太郎	対象年月	令和〇〇年 1 月分

> 対象月を記入する。月単位のため、3か月まとめて請求する場合は、3枚必要になる。

介護人の証明

介護を行った日及び日数	2 日から　　　　30 日まで 　　日から　　　　　日まで 計 13 日間
介護を行った場所	山田　太郎　宅 （足立区千住 2-〇-〇）
代　　金	78,000　　円

令和〇〇年 1 月における介護の代金として上記の金額を領収したことを証明します。

> その月に介護を行なった最初と最後の日と、その日数を記入する。

令和〇〇年 1 月 31 日

介護人の　住　　所　足立区西新井 3-〇-〇　×××ビル1F

　　　　　電　　話　　　03 –〇〇〇〇– ××××

　　　　　氏　　名　　　小川　洋子

　　　　　職　　業　家政婦・看護師・⦅その他⦆（　介護ヘルパー　）

　　　　　被 介 護 者 と の 親 族 関 係　　⦅無⦆有（被介護者の　　　　　）

　　　　　被 介 護 者 と の 同 居 の 有 無　　有・⦅無⦆

〔注意〕　1. 介護人の職業欄、被介護者との親族関係の欄及び被介護者との同居の有無欄は、該当事項を〇で囲み、必要事項を記載すること。
　　　　　2. 介護人の氏名欄は、記名押印することに代えて、自筆による署名をすることができること。

(物品番号62932)

「労災就学等援護費支給・変更申請書」の書き方

提出目的

　労働災害で死亡または重度の障害が残った労働者の子供が、親の不幸を理由に、進学をあきらめたり、学校をやめたりすることを防ぐため、労災保険から、学費の援助を行なう「労災就学等援護費」の支給制度があります。

　労災就学等援護費は、小学校から大学までの「労災就学等援護費」と保育児を対象とした「労災就労保育援護費」の2種類があります。

労災就学等援護費の支給対象

　以下の人のうち、学資等の支払いが困難であると認められる場合には、就学等援護費の支給対象となります。ただし、年金給付基礎日額が16,000円を超える場合には支給されません。

●障害等級第1級から第3級までの障害（補償）年金の受給権者または被災労働者の子
●遺族（補償）年金の受給権者または被災労働者の子
●傷病（補償）年金の受給権者のうち傷病の程度が特に重篤な者の子

　なお、支給額（1人あたりの月額）は下表のとおりです。

小学校／特別支援学校の小学部	15,000円
中学校／特別支援学校の中学部	20,000円 （通信制課程は17,000円）
高等学校／高等専門学校の第1〜3学年 特別支援学校の高等部	19,000円 （通信制課程は16,000円）
大学／高等専門学校の第4、5学年 専修学校の専門課程 公共職業訓練施設等在校者	39,000円 （通信制課程は30,000円）

◎支給申請する場合の記載例◎

労働者災害補償保険
年金・一時金システム

様式第１号

労災就学等援護費（支給）・変更申請書

支給の場合は「支給」を丸で囲む。

0	5	ア	カ							
1	6	イ	キ							
2	7	ウ	ク							
3	8	エ	ケ	セ	テ	ネ	ヘ	メ		レ
4	9	オ	コ	ソ	ト	ノ	ホ	モ	ヨ	ロ	ー

（565）
濁点、半濁点は一文字として取り扱うこと。
（例）カ゛ハ゜

帳票種別 39565
※①データ受付番号
※②実行コード（1 登録 3 修正 5 再出力 7 不支給 9 取消）

※印の欄は記入しないこと。（職員が記入します。）

受付
※③受付年月日（元号 年 月 日）
④職権コード　1 職権

必須項目
⑤年金証書番号（管轄局 種別 西暦年 番号）1 1 3 9 1 9 0 0 0
⑥被災者生年月日（1明治 3大正 5昭和 7平成 9令和）5 6 0 0 2 0 9
（1〜9年は右へ　1〜9月は右へ　1〜9日は右へ）
⑦枝番号（0も記入する）
⑧新規・変更　1　1 新規（支給区分の変更も含む）　2 変更（変更理由⑯㉕㉞に該当する場合）

新規の申請なら「1」、変更の申請なら「2」を記入。

在学者・要保育児１

在学者等情報
※⑨枝番号（不支給 88）
⑩在学者要保育児氏名（カタカナ）：姓と名の間は１字あけて記入してください。　ヤマダ゛　イチロウ
⑪在学者・要保育児生年月日（元号 年 月 日）7 × × 0 3 0 9
◎被災労働者との続柄　1 本人　（2 子）　3 その他（　）
◎受給権者との同一生計の有無　（1 有）　2 無
◎就労者との同一生計の有無　（1 有）　2 無

学校情報
1 保育所等　3 小学校　4 通信制中学校　5 中学校　6 通信制高校等　7 高等学校等　8 通信制大学等　9 大学等
⑫支給区分 3　⑬学年 1　⑭支給開始年月 9 ○ ○ 0 3　⑮支給終了（予定）年月 9 × ○ 0 3

変更
01 休学　02 停学　03 留年　04 退学　05 同一生計無　06 不就労　07 就労者との同一生計無　11 死亡　12 婚姻　13 養子縁組　14 養子離縁　15 学資等支弁容易　50 復帰（復学・同一生計有・就労等）　51 再入学
⑯変更理由　⑰変更年月

在学者・要保育児２

在学者等情報
※⑱枝番号（不支給 88）
⑲在学者要保育児氏名（カタカナ）：姓と名の間は１字あけて記入してください。　ヤマダ゛　サユリ
⑳在学者・要保育児生年月日（元号 年 月 日）7 ○ × 0 4 0 1
◎被災労働者との続柄　1 本人　（2 子）　3 その他（　）
◎受給権者との同一生計の有無　（1 有）　2 無
◎就労者との同一生計の有無　（1 有）　2 無

学校情報
1 保育所等　3 小学校　4 通信制中学校　5 中学校　6 通信制高校等　7 高等学校等　8 通信制大学等　9 大学等
㉑支給区分 5　㉒学年 2　㉓支給開始年月 9 ○ ○ 0 3　㉔支給終了（予定）年月 9 × ○ 0 3

変更
01 休学　02 停学　03 留年　04 退学　05 同一生計無　06 不就労　07 就労者との同一生計無　11 死亡　12 婚姻　13 養子縁組　14 養子離縁　15 学資等支弁容易　50 復帰（復学・同一生計有・就労等）　51 再入学
㉕変更理由　㉖変更年月

在学者・要保育児３

在学者等情報
※㉗枝番号（不支給 88）
㉘在学者要保育児氏名（カタカナ）：姓と名の間は１字あけて記入してください。
㉙在学者・要保育児生年月日（元号 年 月 日）
◎被災労働者との続柄　1 本人　2 子　3 その他（　）
◎受給権者との同一生計の有無　1 有　2 無
◎就労者との同一生計の有無　1 有　2 無

学校情報
1 保育所等　3 小学校　4 通信制中学校　5 中学校　6 通信制高校等　7 高等学校等　8 通信制大学等　9 大学等
㉚支給区分　㉛学年　㉜支給開始年月　㉝支給終了（予定）年月

変更
01 休学　02 停学　03 留年　04 退学　05 同一生計無　06 不就労　07 就労者との同一生計無　11 死亡　12 婚姻　13 養子縁組　14 養子離縁　15 学資等支弁容易　50 復帰（復学・同一生計有・就労等）　51 再入学
㉞変更理由　㉟変更年月

一、□□□で表示された枠（以下記入枠という。）に記入する文字は、光学的文字読取装置（OCR）で直接読取を行うので、この用紙は必要以上に強く折りまげたりしないこと。
二、記入すべき事項のない欄は、空欄のままとし、事項を選択する場合には当該事項を○でかこむこと。
三、折り曲げる場合には◀の所を谷に折り曲げマーク（▶◀）の所で折り曲げてください。

上記のとおり労災就学等援護費の（支給）・変更を申請します。

申請者の
郵便番号 120 －0034
電話番号（市外局番 03）－（市内局番 ○○○○）－（番号 ××××）（自宅・呼出・勤務先）
フリガナ
住所　足立区千住 1-○-○　（　方）
フリガナ　ヤマダ　ハナコ
○○年 3 月 27 日　氏名　山田　花子

渋谷 労働基準監督署長 殿

※	課長	係長	係

労災就労保育援護費の支給対象

　保育を必要とする未就学の要保育児があり、その要保育児と同一生計にある家族が就労のため要保育児を保育所、幼稚園等に預けており、かつ、その保育に係る費用の援護の必要があると認められる場合には、就労保育援護費が支給されます。ただし、給付基礎日額が16,000円を超える場合には、支給されません。

●障害等級第1級から第3級までの障害（補償）年金の受給権者または被災労働者の子

●遺族（補償）年金の受給権者または被災労働者の子

●傷病（補償）年金の受給権者のうち傷病の程度が特に重篤な者の子

　なお、支給額は要保育児1人につき、月額12,000円です。

労災就学等援護費等の支払時期

　労災就学等援護費は、毎年、2、4、6、8、10、12月の各月に2か月分ずつ、それぞれの支払月に支払うべき年金と合わせて支払われます。

請求手続き

●労災保険 年金・一時金システム 様式第1号「労災就学等援護費支給申請書」に記入して提出します。

●以下の証明書等を必ず添付します。

　・在学証明書または在校証明書

　・保育児の場合は、保育所・幼稚園に預けられていることを証明する書類

●その他、身分関係を証明する戸籍謄本、生計維持関係を証明する資料等の提出が求められます。

提出先

被災労働者が所属する事業所を管轄する労働基準監督署

いつまでに

労災就学等援護費の支給を受けようとする場合は、速やかに申請する（あくまでも申請ベースになっているからです）

2-21 「二次健康診断等給付請求書」の書き方

提出目的

　労働安全衛生法にもとづく定期健康診断（一次健康診断）で、業務上の事由による脳血管疾患および心臓疾患の発生にかかわる身体の状態に関する検査項目（血圧検査、血中脂質検査、血糖検査、腹囲の検査またはＢＭＩの測定すべて）で、異常の所見があると診断された労働者が請求した場合には、二次健康診断等給付を受けることができます。ただし、一次健康診断またはその他の機会で、脳・心臓疾患の症状を有すると診断された場合には、二次健康診断等給付を受けることはできません。

二次健康診断等給付の内容

【二次健康診断】

　医師による、脳血管・心臓の状態を把握するために必要な検査を受けることができます。ただし、1年度（4月1日から翌年3月31日まで）につき1回までです。

【特定保健指導】

　二次健康診断の結果にもとづき、脳血管疾患・心臓疾患の発生を予防するため、医師または保健師の面接による保健指導を受けることができます（二次健康診断の結果、脳・心臓疾患の症状を有していると診断された場合は保健指導を受けることはできません）。二次健康診断を受けるごとに1回受けられます。

請求手続き

- 様式第16号の10の2に必要事項を記入して提出します。
- 一次健康診断の結果を証明することができる書類（一次健康診断の結果の写しなど）を添付します。

提出先　二次健康診断を受ける病院

いつまでに　一次健康診断を受けた後3か月以内

◎二次健康診断の給付を請求する場合の記載例◎

様式第16号の10の2（表面）　労働者災害補償保険

二次健康診断等給付請求書

裏面に記載してある注意事項をよく
読んだ上で、記入してください。

標準字体

0	5	ア	カ	サ	タ	ナ	ハ	マ	ヤ	ラ	ワ
1	6	イ	キ	シ	チ	ニ	ヒ	ミ		リ	ン
2	7	ウ	ク	ス	ツ	ヌ	フ	ム	ユ	ル	
3	8	エ	ケ	セ	テ	ネ	ヘ	メ		レ	゜
4	9	オ	コ	ソ	ト	ノ	ホ	モ	ヨ	ロ	ー

帳票種別 ※ `3 8 5 3 0`　①管轄局 □□　②帳票区分 無 新規 `1` 移行　③保留 `1`　④受付年月日 □□□□□□□

⑤労働保険番号　府県 `1 3`　所掌 `1`　管轄 `0 1`　基幹番号 `1 2 3 4 5 6`　枝番号 `0 0 0`　⑥処理区分 ※　⑦支給・不支給決定年月日 □□□□□□□　⑧特例コード □
3 か月超過
4 産業医等
5 1及び3

※印の欄は記入しないでください。
（職員が記入します。）

⑨性別 1男 3女 `1`　1大正 3大正 5昭和 7平成 9令和　⑩労働者の生年月日 `5` `7 0 0 1 0 7`　⑪一次健康診断受診年月日 `7平成 9令和` `9 0 0 2 0 2`　⑫二次健康診断受診年月日 `7平成 9令和` `9 0 0 3 0 3`
～9日は右に／1～9日は右に／1～9日は右に

> 実際に二次健康診断を受けた日を記入する。検査が複数の日にわたって行なわれた場合は、最初の日を記入する。

⑬労働者の
シメイ（カタカナ）：姓と名の間は1文字あけて記入してください。濁点・半濁点は1文字として記入してください。
`ヤ マ タ ゛ タ ロ ウ`

氏名　**山田　太郎**

フリガナ　シブヤクエビスニシ

住所　渋谷区恵比寿西○-○-○

> すべて「異常あり」でないと二次健康診断は受けられない。

一次健康診断（直近の定期健康診断等）における以下の検査結果について記入してください。
（以下の⑭、⑮、⑰及び⑱の異常所見について、すべて「有」の方が二次健康診断等給付を受給することができます。）

一次健康診断結果欄

⑭血圧の測定における異常所見（高い場合に限る。）	⑮血中脂質検査における異常所見（高い場合に限り、ただし、HDLコレステロールについては、低い場合に限る。）	⑯血糖検査		⑰腹囲又はBMI（肥満度）の測定における異常所見（高い場合に限る。）	⑱尿蛋白検査についての所見	⑲既往は心臓疾患について療養を行っているなど、当該疾病の症状の有無
		⑯検査方法	⑰異常所見（高い場合に限る。）			
1 有 `1`　3 無	1 有 `1`　3 無	1 血糖検査値　3 ヘモグロビン　A1C検査 `1`	1 有 `1`　3 無	1 有 `1`　3 無	1 −　3 ±　5 ＋　7 ＋＋　9 ＋＋＋ `3`	1 有 `3`　3 無

二次健康診断等実施機関の
名称　**広尾病院**　　電話（ 03 ）××××-××××
所在地　**渋谷区広尾×-×-×**　　〒100-○○○○

⑫の期日が⑪の期日から3か月を超えている場合、その理由について、該当するものを○で囲んでください。
イ　天災地変により請求を行うことができなかった。　　ハ　その他（理由：　　　　　　　　　　　　　）
ロ　医療機関等の都合等により、一次健康診断の結果の通知が著しく遅れた。

> 一次健康診断を受けた日から3か月以内に請求できなかった場合は、理由について該当するものに丸をつける。

事業主証明欄
⑬の者について、⑪の期日が一次健康診断の実施日であること及び添付された書類が⑪の期日における一次健康診断の結果であることを証明します。　　○○年　3月　1日
事業の名称　**佐藤建設株式会社**　　電話（ 03 ）××××-××××
事業場の所在地　**渋谷区恵比寿×-×-×**　　〒150-0013
事業主の氏名　**代表取締役　佐藤　次郎**
（法人その他の団体であるときはその名称及び代表者の氏名）　　（記名押印又は署名）
労働者の所属事業場の所在地　　電話（　　）

年月日 `7平成 9令和` `9 0 0 3 0 3`
1～9日は右に／1～9日は右に／1～9日は右に

上記により二次健康診断等給付を請求します。
東京　労働局長　殿

広尾　病院　経由
　　　診療所　経由

請求人の　住所　渋谷区恵比寿西○-○-○　　電話（ 090 ）○○○○-○○○○　〒150-0021
　　　　　氏名　**山田　太郎**
（記名押印又は署名）

支給不支給決定決議書

	局長	部長	課長		調査年月日	・	・
					復命書番号	第　　号	
					決定年月日	・	・
					不支給理由		

裏面の注意事項を読んでから記入してください。
折り曲げる場合には◀の所を谷に折りさらに◀の所を谷に折り、さらに2つ折りにしてください。
（この欄は記入しないでください。）

2-22 「アフターケア手帳交付申請書」の書き方

提出目的

業務中・通勤中のケガや病気が治った後、再発や後遺障害に伴う新たな病気を防ぐために、労災指定医療機関でアフターケア（診察・保健指導、検査など）を受けることができます。

その際、発行されたアフターケア手帳を労災指定医療機関で見せることにより、無料でアフターケアを受けることができます。

なお、アフターケアの対象となるケガ・病気は、脊髄損傷、虚血性心疾患など20種類が指定されており、一定の障害等級などを要件としています。詳しくは、厚生労働省や都道府県労働局のホームページに掲載されている「『アフターケア制度』のご案内」を参照してください。

提出手続き

● 実施要領様式第2号「アフターケア手帳交付申請書」に必要事項を記入して提出します。

● ケガや病気の種類などに応じて1年〜5年の有効期間があります。

提出先

被災労働者が所属する事業所を管轄する労働局

いつまでに

ケガや病気が「治った」とは、完全な回復だけでなく、症状が固定し、これ以上回復が期待できない状態も含まれます。ケガや病気の種類に応じて、治ったあと何年以内に提出しなければならないという期限があります（「『アフターケア制度』のご案内」参照）。

◎アフターケア手帳の交付を申請する場合の記載例◎

■ 実施要領様式第2号

アフターケア手帳交付申請書

帳票種別	①管轄局
3 7 2 1 0	□□

標準字体

0	5	ア	カ	サ	タ	ナ	ハ	マ	ヤ	ラ	ワ
1	6	イ	キ	シ	チ	ニ	ヒ	ミ		リ	ン
2	7	ウ	ク	ス	ツ	ヌ	フ	ム	ユ	ル	゛
3	8	エ	ケ	セ	テ	ネ	ヘ	メ		レ	゜
4	9	オ	コ	ソ	ト	ノ	ホ	モ	ヨ	ロ	ー

濁点、半濁点は一文字として取り扱うこと。
（例）
ガ ハ゜

※②受付年月日
9 令和 □□□□□□□

③労働保険番号

府	県	所掌	管轄	基	幹	番	号	枝	番	号
1	3	1	0	1	1	2	3	4	5	6	0	0	0

④生年月日
（1明治3大正5昭和7平成9令和）
7 0 0 1 0 7
1～9月は右に/1～9日は右に

⑤傷病年月日
（5昭和/7平成/9令和）
9 0 0 0 2 0 2

⑥年金証書番号

管轄局	種別	西暦年	番 号

⑦対象傷病コード
0 1

⑧性別
1
1男
3女

⑨対象者氏名（カナ）
ヤ マ タ゛ □ タ ロ ウ □□□□□
姓と名の間は1字あけて記入して下さい

⑩対象者氏名（漢字）
山 田 □ 太 郎 □□□□
姓と名の間は1字あけて記入して下さい

⑪郵便番号
1 5 0 - 0 0 2 1

> 「『アフターケア制度』のご案内」に示されている対象傷病コードを記入する。

⑫都道府県コード
1 3

> 「『アフターケア制度』のご案内」に示されている都道府県コードを記入する。

⑬住所（漢字）
渋 谷 区 □□□□□□□□□

⑭（続き）
恵 比 寿 西 □□□□□□□□

⑮（続き）
○ - ○ - ○ □□□□□□□□

⑯住所（カナ）
シ フ゛ ヤ ク □□□□□□□□

⑰（続き）
エ ヒ゛ ス ニ シ □□□□□□□

⑱（続き）
○ - ○ - ○ □□□□□□□□

⑲電話番号
0 3 - × × × × - × × × × □□□

⑳業通別
1
1業務災害
3通勤災害

㉑業種別 □□□□

※㉒管轄局署 □□□□

㉓治ゆ年月日
（5昭和/7平成/9令和）
9 0 0 0 4 0 1

> ケガや病気が治った日を記入。不明な場合は空欄にする。

受付印

備考

東京 労働局長 殿　○○年12月31日

申請者の
（〒 150 -0021 ）
住所 渋谷区恵比寿西1-12-12
（電話03 -××××-××××）

フリガナ ヤマダ タロウ
氏名 山田 太郎

※印の欄は記入しないでください

アフターケア手帳の更新・再交付のしかた

●申請時期は、手帳の有効期間が満了する1か月前までです。ただし、頭頸部外傷症候群等の場合は更新不可です。

●提出書類は、実施要領様式第3号「アフターケア手帳更新・再交付申請書」と、「アフターケア実施期間の更新に関する診断書」です。ただし、脊髄損傷、人工関節・人口骨頭置換、虚血性心疾患等（ペースメーカー、除細動器を植え込んでいる場合）、循環器障害（人工弁、人工血管に置換した場合）については、診断書は必要ありません。

アフターケア通院費の支給について

アフターケアを受けている人の経済的負担を軽減するために、アフターケアの通院に要する費用が支給されることになっています。

【支給対象】

①自宅または勤務先から片道2km以上、同一市町村内にある病院へ通院するとき

②片道2km未満であっても、ケガや病気の状態から鉄道・バス・自家用車を利用しなければ通院できないとき

③同一市町村内にアフターケアを受けられる病院がないため、または隣接する市町村の病院のほうが通院しやすいため、隣接する市町村のアフターケアを受けることができる病院へ通院するとき

④同一市町村および隣接する市町村内にアフターケアを受けることができる病院がないため、それらの市町村以外の最寄りのアフターケアを受けることができる病院へ通院するとき

【提出書類】

①アフターケア通院費支給申請書

②通院費の額を証明する書類（領収書など）

◎アフターケア手帳の更新を申請する場合の記載例◎

■ 実施要領様式第3号

※標準字体 0123456789

アフターケア手帳(更新)・再交付申請書

帳票種別
37231

※①管轄局 □□

②更新・再交付

1 1更新
3再交付

※③受付年月日
元号 年 月 日
9令和 □□□□□□ ← 労働局職員が記入する。

④現在のアフターケア手帳番号

西暦年	所籍局	傷病番号	振出番号	枝番号
13	1301	01	23001	

アフターケア手帳の　更　　新　・　再　交　付　を申請します。

東京　労働局長　殿

申請者の
(〒　150 - 0021)
住　所　渋谷区恵比寿西○-○-○
　　　　(TEL 03 - ××××-××××)
フリガナ
氏　名　山田　太郎

※再交付申請の場合、該当する理由に○を付けてください。

イ. アフターケア手帳を紛失したため

ロ. アフターケア手帳を汚損したため

ハ. アフターケア記録欄がなくなったため

ニ. その他（具体的に書いてください）

(　　　　　　　　　　　　　　　　　　)

更新の場合は
記入不要。

備　考

受付印

※印の欄は記入しないでください

168

◎通院費を請求する場合の記載例◎

■ 通院費支給要綱様式第1号

アフターケア通院費支給申請書

標準字体
	0	5	ア	カ	サ	タ	ナ	ハ	マ	ヤ	ラ	ワ
	1	6	イ	キ	シ	チ	ニ	ヒ	ミ		リ	ン
	2	7	ウ	ク	ス	ツ	ヌ	フ	ム	ユ	ル	゛
	3	8	エ	ケ	セ	テ	ネ	ヘ	メ		レ	゜
	4	9	オ	コ	ソ	ト	ノ	ホ	モ	ヨ	ロ	ー

○濁点、半濁点は一文字として書いてください。
（例） カ ゛ ハ ゜

帳票種別
`3 7 3 2 0`

① 管轄局
② ※未支給　□ 1 未支給

③ ※受付年月日
9 令和 `□□ □□ □□`

④ ※指定医療機関番号
`□□□□□□□□□`

⑤健康管理手帳番号
西暦年／所轄局／傷病番号／振出番号／枝番号
`1 3｜3 0｜1 0｜1 2 3 0 0｜0 1`

⑥ ※金融機関コード
金融機関　店舗
`□□□□ □□□`

⑦預金種別　⑧口座番号（左詰め、ゆうちょ銀行の場合は、記号（5桁）は左詰め、番号は右詰めで記入し、空欄には「0」を記入）
⑦ `1` 1普通 3当座
⑧ `1 2 3 4 5 6 7 □□□□`

⑰ ※郵便局コード
`□□□□□□□`

⑨口座名義人（カタカナ）：姓と名の間は1文字あけてください
`ヤ マ タ ゛ □ タ ロ ウ □□□□□□□□`

右の欄及び⑦から⑨の欄は、新規若しくは届け出た振込を変更する場合のみ記入してください。

口座名義人　山田 太郎

金融機関名　○○　金庫（銀行・組合）　渋谷（店）

※ 自印が欄は記入しないでください。（職員が記入します。）

◎裏面の注意事項を読んでから記載してください。

通院費請求欄

	通院日	交通手段	通院日数	1日の通院に要した交通経路・距離			1日の通院に要した金額
⑩	7平成9令和 `9 0｜0 1｜2 5`	鉄道 バス スクールバス 自家用自動車	2 日	恵比寿 （経由） 原宿	往復・片道 間 5.6 Km		(1) (300) 円
⑪	7平成9令和 `9 0｜0 3｜2 3`	鉄道 バス スクールバス 自家用自動車	日	（経由） 間	往復・片道 Km		(2) ( ) 円
⑫	7平成9令和 `□□｜□□｜□□`	鉄道 バス スクールバス 自家用自動車	日	（経由） 間	往復・片道 Km		(3) ( ) 円

※ 自家用自動車を利用した場合の金額の算定方法については、裏面の3をご参照ください。

| ⑬ | 7平成9令和 `□□｜□□｜□□` | (4)「1日の通院に要した金額」（(1)～(3)）の合計 | | ⑮ `□□ 3 0 0` 円 |
| ⑭ | 7平成9令和 `□□｜□□｜□□` | (5) アフターケア通院費の支給申請額（(1)～(3)にそれぞれによる通院日数を乗じた金額の合計） | | ⑯ `□□ 6 0 0` 円 |

> 往復の場合は、片道の距離の2倍を記入する。

> 通院費用の明細を記入する。

上記により、○○ 年 1 月から ○○ 年 3 月までのアフターケア通院費の支

令和 ○○ 年 4 月 15 日

申請者の
〒 150 － 0021
住所　渋谷区恵比寿西○-○-○
TEL 03 － ×××× － ××××
氏名　山田 太郎
（記名押印又は署名）

東京　労働局長　殿

受付印

アフターケア実施医療機関の
名称　広尾病院
所在地　渋谷区広尾○-○-○
TEL 03 － ○○○○ － ××××

「特別加入申請書(中小事業主等)」の書き方

提出目的

　本来、労災保険は、労働者の業務または通勤による災害に対して保険給付を行なうものなので、労働者ではない事業主は給付の対象となりません。しかし、その業務の実情などから考えて、労働者に準じて保護することが適当であると認められる中小事業主については、特別に任意の加入を認め、業務災害・通勤災害の補償を受けることができるようになっています。

加入要件

　中小事業主等が特別加入するためには、その雇用する労働者について保険関係が成立しており、労働保険の事務処理を労働保険事務組合に委託していることが要件となります。なお、中小事業主等に該当するかは、68ページで確認してください。

提出手続き

- 様式第34号の7に必要事項を記入して提出します。

加入申請書の提出先

労働保険組合を通じて労働基準監督署（労基署を経由して労働局長）

加入が承認される日

申請日の翌日から30日以内で、申請者が加入を希望する日

給付について

- 給付内容は、通常の労働者に給付されるものと同じです（ボーナス特別支給金は支給されません。また、二次健康診断等給付は行なわれません）。
- 給付を受ける場合は、通常の労働者と同じ方法で、各種請求書を提出します。
- 給付請求書の提出先は、受診した病院または労働基準監督署です。
- 給付請求の期限は、通常の労働者が給付を受ける場合と同じです。

■ 様式第34号の7（表面）

労働者災害補償保険　特別加入申請書（中小事業主等）

帳票種別
③ ⑥ ② ① ①

① 申請に係る事業の労働保険番号

府県	所掌	管轄	基幹番号	枝番号
1 3	1	0 1	1 2 3 4 5 6	0 0 0

※裏面の注意事項を読んでから記載してください。
※印の欄は記載しないでください。（職員が記載します。）

※受付年月日　9 令和　元号　年　月　日
（1～9月は右へ）

② 事業主の氏名（法人その他の団体であるときはその名称）
佐藤塗装　株式会社

③ 申請に係る事業
名称（フリガナ）サトウトソウ　カブシキガイシャ
名称（漢字）　佐藤塗装　株式会社
事業場の所在地　東京都渋谷区恵比寿西○-○-○

> 災害が発生したときに、給付の対象となるかどうかを判断するうえで重要な項目のため、具体的な内容を明確に記入する。

④ 特別加入予定者　加入予定者数　計 2 名
*この用紙に記載しきれない場合には、別紙に記載すること。

特別加入予定者	業務の内容	特定業務・給付基礎日額

氏名（フリガナ）サトウ　イチロウ
佐藤　一郎
生年月日　昭和○○年 5 月 26 日

事業主との関係（地位又は続柄）①本人 3役員 5家族従事者
業務の具体的内容　一般建築物の塗装（トルエン・キシレン）
労働者の始業及び終業の時刻　9 時 00 分 ～ 17 時 30 分
除草作業 1有 ③無
従事する特定業務 1粉じん 3振動工具 5鉛 ⑦有機溶剤 9該当なし

業務歴
最初に従事した年月　平成○年 4 月
従事した期間の合計　20 年 11 ヶ月
希望する給付基礎日額　18,000 円

氏名（フリガナ）サトウ　ジロウ
佐藤　二郎
生年月日　昭和○×年 2 月 2 日

事業主との関係（地位又は続柄）1本人 ③役員（取締役）5家族従事者
業務の具体的内容　同　上
労働者の始業及び終業の時刻　9 時 00 分 ～ 17 時 30 分
除草作業 1有 ③無
従事する特定業務 1粉じん 3振動工具 5鉛 ⑦有機溶剤 9該当なし

業務歴
最初に従事した年月　平成×年 4 月
従事した期間の合計　16 年 11 ヶ月
希望する給付基礎日額　18,000 円

> 中小事業主とともに包括して加入しなければならない役員や家庭従事者を全員記載する。

氏名（フリガナ）
生年月日　　年　月　日

事業主との関係（地位又は続柄）1本人 3役員 5家族従事者
業務の具体的内容
労働者の始業及び終業の時刻　時　分 ～ 時　分
除草作業 1有 3無
従事する特定業務 1粉じん 3振動工具 5鉛 7有機溶剤 9該当なし

業務歴
最初に従事した年月　年　月
従事した期間の合計　年間　ヶ月
希望する給付基礎日額　円

> 特定業務に従事する場合は、最初に従事した年月、従事期間を記入する。

氏名（フリガナ）
生年月日　　年　月　日

事業主との関係（地位又は続柄）1本人 3役員 5家族従事者
業務の具体的内容
労働者の始業及び終業の時刻　時　分 ～ 時　分
除草作業 1有 3無
従事する特定業務 1粉じん 3振動工具 5鉛 7有機溶剤 9該当なし

業務歴
最初に従事した年月　年　月
従事した期間の合計　年間　ヶ月
希望する給付基礎日額　円

⑤ 労働保険事務の処理を委託した年月日　　○○ 年 3 月 1 日

⑥ 労働保険事務組合の証明
上記⑤の日より労働保険事務の処理の委託を受けていることを証明します。
○○ 年 3 月 3 日

労働保険事務組合
名称　アニモ経営労務センター
〒 100－0005　電話（ 03 ）××××－××××
主たる事務所の所在地　東京都千代田区丸の内○-○-○
代表者の氏名　労災　太郎

⑦ 特別加入を希望する日（申請日の翌日から起算して30日以内）　令和○ 年 4 月 1 日

上記のとおり特別加入の申請をします。
○○ 年 3 月 25 日
東京　労働局長　殿

事業主の
住所　〒 150－0021　電話（ 03 ）××××－××××
東京都渋谷区恵比寿西○-○-○
氏名　佐藤塗装株式会社
代表取締役　佐藤　一郎
（法人その他の団体であるときはその名称及び代表者の氏名）

折り曲げる場合には（▶）の所で折り曲げてください。

提出目的

　個人経営の大工さんや個人タクシーの運転手さんなどは、労働者ではないので、本来、労災保険の対象となりません。しかし、その業務の実情などから考えて、労働者に準じて保護することが適当であると認められる一人親方等については特別に任意の加入を認め、業務災害・通勤災害の補償を受けることができるようになっています。

　一人親方等の特別加入は、一人親方等の団体（特別加入団体）を事業主、一人親方等を労働者とみなして労災保険が適用されます。なお、一人親方等の範囲については、69〜70ページで確認してください。

提出手続き

● 様式第34号の10に必要事項を記入して提出します。

加入申請書の提出先

特別加入団体を通じて労働基準監督署（労基署を経由して労働局長）

加入が承認される日

申請日の翌日から30日以内で、申請者が加入を希望する日

給付について

● 給付内容は、通常の労働者に給付されるものと同じです（ボーナス特別支給金は支給されません。また、二次健康診断等給付は行なわれません）。ただし、個人タクシー・個人貨物運送業・漁船による自営漁業者については、通勤災害は補償の対象外です。

● 給付を受ける場合は、通常の労働者と同じ方法で、各種請求書を提出します。

● 給付請求書の提出先は、受診した病院または労働基準監督署です。

● 給付請求の期限は、通常の労働者が給付を受ける場合と同じです。

◎一人親方の場合の記載例◎

■ 様式第34号の10（表面）

労働者災害補償保険　特別加入申請書（一人親方等）

帳票種別
| 3 | 6 | 2 | 2 | 1 |

① 申請に係る事業の労働保険番号

府県	所掌	管轄	基幹番号	枝番号
1 3	1	0 1	1 2 3 4 5 6	0 0 0

※裏面の注意事項を読んでから記載してください。
※印の欄は記載しないでください。（職員が記載します。）

※ 受付年月日　9令和

元号	年	月	日

② 特別加入団体

名称（フリガナ）エ　ビ　ス　ケンセツギョウキョウドウクミアイ

名称（漢字）　恵比寿建設業協同組合

代表者の氏名　組合長　佐藤　太郎

事業又は作業の種類　建設の事業

> 災害が発生したときに、給付対象となるかどうかを判断するうえで重要な項目のため、具体的な内容を明確に記入する。

③ 特別加入予定者　加入予定者数　計 2 名

*この用紙に記載しきれない場合には、別紙に記載すること。

特別加入予定者	法第33条第3号に掲げる者との関係	業務又は作業の内容	除染作業	従事する特定業務	特定業務・給付基礎日額
フリガナ　スズキ　イチロウ 氏名　鈴木　一郎 生年月日　昭和○○年 6 月 8 日	①本人 5 家族従事者	業務又は作業の具体的内容 大工工事業・鋲打機	① 有 3 無	1 粉じん ③振動工具 5 鉛 7 有機溶剤 9 該当なし	業務歴 最初に従事した年月　昭和XX年 4 月 従事した期間の合計 28 年間 11 ヶ月 希望する給付基礎日額 12,000 円
フリガナ　タナカ　ジロウ 氏名　田中　二郎 生年月日　昭和○×年 10 月 17 日	①本人 5 家族従事者	業務又は作業の具体的内容 左官工事業	① 有 3 無	1 粉じん 3 振動工具 5 鉛 7 有機溶剤 ⑨該当なし	業務歴 最初に従事した年月　　年　月 従事した期間の合計　　年間　ヶ月 希望する給付基礎日額 12,000 円
フリガナ 氏名 生年月日　　年　月　日	1 本人 5 家族従事者	業務又は作業の具体的内容	1 有 3 無	1 粉じん 3 振動工具 5 鉛 7 有機溶剤 9 該当なし	業務歴 最初に従事した年月　　年　月 従事した期間の合計　　年間　ヶ月 希望する給付基礎日額　　円
フリガナ 氏名 生年月日　　年　月　日	1 本人 5 家族従事者	業務又は作業の具体的内容	1 有 3 無	1 粉じん 3 振動工具 5 鉛 7 有機溶剤 9 該当なし	業務歴 最初に従事した年月　　年　月 従事した期間の合計　　年間　ヶ月 希望する給付基礎日額　　円
フリガナ 氏名 生年月日　　年　月　日	1 本人 5 家族従事者	業務又は作業の具体的内容	1 有 3 無	1 粉じん 3 振動工具 5 鉛 7 有機溶剤 9 該当なし	業務歴 最初に従事した年月　　年　月 従事した期間の合計　　年間　ヶ月 希望する給付基礎日額　　円

> 特定業務に従事する場合は、最初に従事した年月、従事期間を記入する。

折り曲げる場合には▶の所で折り曲げてください。

④ 添付する書類の名称

団体の目的、組織、運営等を明らかにする書類	恵比寿建設業協同組合規約
業務災害の防止に関する措置の内容を記載した書類	恵比寿建設業協同組合災害防止規約

⑤ 特別加入を希望する日（申請日の翌日から起算して30日以内）　○○ 年 4 月 1 日

上記のとおり特別加入の申請をします。

○○ 年 3 月 25 日

東京　労働局長　殿

名　称　恵比寿建設業協同組合

団体の主たる事務所の所在地　〒 150 - 0021　電話（ 03 ）0000-0000
東京都渋谷区恵比寿西○-○-○

代表者の氏名　組合長　佐藤　太郎

「特別加入申請書（海外派遣者）」の書き方

提出目的

　本来、労災保険は国内にある事業場に適用されるため、海外の事業場で就労する労働者は、労災保険の対象となりません。しかし、海外の労災保険制度が十分でない場合があることから、本来は給付の対象ではない海外勤務者についても、特別加入することにより、労災保険の給付が受けられるようになっています。なお、海外出張の場合には通常の労災保険の給付を受けることができます。

提出手続き

- 様式第34号の11に必要事項を記入して提出します。
- 国内の事業主から、海外にある中小規模の事業の事業主として派遣される労働者の場合は、派遣先の事業の規模などを証明する書類を添付します（派遣先事業の労働者名簿の写し、派遣先の事業案内など）
- 申請書に記載された人が海外事業に従事することになった時点で、「海外派遣に関する報告書」を労働基準監督署へ提出します。

加入申請書の提出先

海外派遣される労働者が所属する事業場を管轄する労働基準監督署（労基署を経由して労働局長）

加入が承認される日

申請日の翌日から30日以内で、申請者が加入を希望する日

給付について

- 給付内容は、通常の労働者に給付されるものと同じです（ボーナス特別支給金は支給されません。また、二次健康診断等給付は行なわれません）。
- 給付を受ける場合は、通常の労働者と同じ方法で、各種請求書を提出します。

◎海外派遣者の場合の記載例◎

■ 様式第34号の11（表面）

労働者災害補償保険　特別加入申請書（海外派遣者）

帳票種別
| 3 | 6 | 2 | 3 | 1 |

① ※第3種特別加入に係る労働保険番号

府	県	所掌	管轄		基	幹	番	号			枝	番	号

※裏面の注意事項を読んでから記載してください。
※印の欄は記載しないでください。（職員が記載します。）

※受付年月日　9 令和

	元号		年		月		日	

② 団体の名称又は事業主の氏名（事業主が法人その他の団体であるときはその名称）
佐藤商事株式会社

③ 申請に係る事業

労働保険番号

府	県	所掌	管轄		基	幹	番	号			枝	番	号		
1	3	1	0	1	1	2	3	4	5	6	0	0	0		

名称（フリガナ）　サトウショウジカブシキガイシャ

名称（漢字）　佐藤商事株式会社

事業場の所在地　東京都渋谷区恵比寿西○-○-○

事業の種類　卸売業・小売業

> 災害が発生したときに、労災給付の対象となるかどうかを判断するうえで重要な項目のため、具体的な内容を明確に記入する。

④ 特別加入予定者　加入予定者数　計＿＿名

*この用紙に記載しきれない場合には、別紙に記載すること。

特別加入予定者	派遣先		派遣先の事業において従事する業務の内容（業務内容、地位・役職名労働者の人数及び就業時間など）	希望する給付基礎日額
フリガナ 氏名　キムラ サブロウ 木村　三郎	事業の名称 タイ佐藤商事会社	派遣先国 タイ	製品販売に関する業務代表者使用労働者20人所定労働時間8：00～17：00	
生年月日 昭和××年 2 月 2 日	事業場の所在地 ○-○　△△Street Bangkok, Thailand			16,000 円
フリガナ 氏名　カトウ　シロウ 加藤　四郎	事業の名称 同上	派遣先国 同上	製品販売・事務営業課員	
生年月日 昭和××年 1 月 7 日	事業場の所在地 同上			14,000 円
フリガナ 氏名	事業の名称	派遣先国		
生年月日 　　年　月　日	事業場の所在地			円
フリガナ 氏名	事業の名称	派遣先国		
生年月日 　　年　月　日	事業場の所在地			円

折り曲げる場合には（▶）の所で折り曲げてください。

⑤ 特別加入を希望する日（申請日の翌日から起算して30日以内）　○○ 年 4 月 1 日

上記のとおり特別加入の申請をします。

○○ 年 3 月 25 日

東京　労働局長　殿

〒 150 － 0021　　電話（ 03 ）0000-0000

団体又は事業主の住所　東京都渋谷区恵比寿西○-○-○

団体の名称又は事業主の氏名　佐藤商事株式会社
代表取締役　佐藤　太郎

（法人その他の団体であるときはその名称及び代表者の氏名）

特別加入の際の「給付基礎日額変更申請書」の書き方

提出目的

　特別加入者に対する保険給付額は、給付基礎日額によって算出されます。そして、保険料も給付基礎日額をもとに計算し納付します。

　特別加入する際には、加入申請書に希望する給付基礎日額を選択し、決定されますが、その給付基礎日額の変更を希望する場合には、変更の申請が必要です。

提出手続き

●特様式第2号に記入して提出します。

提出先

●中小事業主等は、労働保険事務組合を通じて労働基準監督署

●一人親方等は、特別加入団体を通じて労働基準監督署

●海外派遣者は、会社の管轄の労働基準監督署

提出期限

毎年、3月18日～3月31日の間（翌年度分の変更）。

または、労働保険の年度更新期間と同じく6月1日から7月10日までの間（当年度分の変更）

◎給付基礎日額を変更する場合の記載例◎

■ 特様式第2号

労働者災害補償保険　給付基礎日額変更申請書
（特別加入）

帳票種別

3	6	2	4	5

労働保険番号

府県	所掌	管轄	基幹番号	枝番号
1 3	1	0 1	1 2 3 4 5 6	0 0 0

※印の欄は記載しないでください。（職員が記載します。）

※受付年月日　9 令和

元号	年	月	日

1～9月は右へ　1～9月は右へ　1～9月は右へ

東京　労働局長　殿

令和○○年　3 月 20 日

郵便番号　150 - 0021　電話番号　03 -○○○○-○○○○

保険加入者の　住　所　東京都渋谷区恵比寿西○-○-○
氏　名　佐藤商事株式会社
代表取締役　佐藤　太郎
（法人その他の団体のときはその名称及び代表者の氏名）

下記のとおり給付基礎日額の変更を申請します。

（ 1 枚の内 1 枚目）

※ 整理番号	変更を希望する特別加入者の氏名	現在の給付基礎日額	今回希望する給付基礎日額
1	木村　三郎	16,000	18,000

特別加入者の給付基礎日額は、以下より選択します。

3,500円	4,000円	5,000円	6,000円
7,000円	8,000円	9,000円	10,000円
12,000円	14,000円	16,000円	18,000円
20,000円	22,000円	24,000円	25,000円

〔注意〕
1. 変更を希望する特別加入者が多数おり氏名欄に記載することができない場合は、続紙を付して記載すること。
2. 「保険加入者の氏名」の欄は、記名押印することに代えて、自筆による署名をすることができる。

折り曲げる場合には（▶）の所で折り曲げてください。

2-27 「第三者行為災害届」の書き方

提出目的

　交通事故や他人から暴行を受けたときなど、第三者の行為により被害を被った場合、被災労働者には、第三者への損害賠償請求権と労災保険の給付請求権が発生します。2つの請求権の支給調整を適正に行なう必要があります。

添付書類

●下表の添付書類が必要になります。

添付書類名	交通事故による災害	交通事故以外による災害	備　考
「交通事故証明書」または「交通事故発生届」	○	—	自動車安全運転センターの証明がもらえない場合は「交通事故発生届」
念書（兼同意書）	○	○	
示談書の謄本	○	○	示談が行なわれた場合（写しでも可）
自賠責保険等の損害賠償金等支払証明書または保険金支払通知書	○	—	仮渡金または賠償金を受けている場合（写しでも可）
死体検案書または死亡診断書	○	○	死亡の場合（写しでも可）
戸籍謄本	○	○	死亡の場合（写しでも可）

●災害を発生させた第三者は、「第三者行為災害報告書」を提出するよう労働基準監督署から求められます。

提出先　被災労働者が所属する事業所を管轄する労働基準監督署

いつまでに　遅滞なく

◎業務災害で交通事故による場合の記載例◎

被災労働者が死亡している場合は、労災給付の請求人の住所・氏名・電話番号を記入する。

（届その1）

第三者行為災害届（業務災害・通勤災害）
（交通事故・交通事故以外）

令和○○年 3 月 8 日

労働者災害補償保険法施行規則第22条の規定により届け出ます。

署受付日付

保険給付請求権者

住所 東京都港区六本木○-○ 郵便番号（ 106 - 0032 ）

フリガナ ヤマダ タロウ
氏名 山田 太郎

渋谷 労働基準監督署長　殿

電話（自宅）03 - ×××× - ××××
　　（携帯）

1 第一当事者（被災者）

フリガナ ヤマダ タロウ
氏名 山田 太郎 （男・女）　生年月日 昭和××年 5 月 26 日 （43歳）
住所 東京都港区六本木○-○
職種 営業

2 第一当事者（被災者）の所属事業場

労働保険番号

府県	所掌	管轄	基幹番号	枝番号
1 3	1	0 1	1 2 3 4 5 6	0 0 0

名称 佐藤商事株式会社 電話 03 -○○○○-○○○○
所在地 東京都渋谷区恵比寿西○-○-○ 郵便番号 150 -0021
代表者（役職）代表取締役 担当者（所属部課名）総務部部長
　（氏名）佐藤 太郎 　（氏名）鈴木 一郎

3 災害発生日

日時 ○○年 2 月 10 日 午前・午後 3 時 05 分頃
場所 東京都渋谷区渋谷×丁目×番地 ○○銀行前国道○号線上

4 第二当事者（相手方）

氏名 伊藤 五郎 （40歳） 電話（自宅）03 - ×××× - ××××
住所 東京都目黒区目黒×-× 　　（携帯）
郵便番号 ○○○-○○○○
第二当事者（相手方）が業務中であった場合
所属事業場名称 労働運輸（株） 電話 03 - ×××× - ××××
所在地 東京都大田区蒲田○-○ 郵便番号 ○○○-○○○○
代表者（役職）代表取締役 （氏名）労働 一郎

相手方が2名以上の場合は、付せんなどに記入し、のりづけするか、別紙として添付する。当て逃げ等で、相手方が不明の場合はその旨記入する。

5 災害調査を行った警察署又は派出所の名称

渋谷 警察署 交通 係（派出所）

6 災害発生の事実の現認者（5の災害調査を行った警察署又は派出所がない場合に記入してください）

氏名 （ 歳） 電話
住所 郵便番号 -

7 あなたの運転していた車両（あなたが運転者の場合にのみ記入してください）

車種	大・中・普・特・自二・軽自・原付自	登録番号（車両番号）			
運転者の免許	有・無	免許の種類	免許証番号	資格取得	有効期限	免許の条件
		普通	123456789000	4 年 3 月 1 日	○○年 5 月 26日まで	

被災者が建設事業の下請事業に所属している場合は、元請事業場名を付せんなどに記入し、のりづけするか、別紙として添付する。

◎「届その２」の記載例◎

8　事故現場の状況

天　候　　晴・(曇)・小雨・雨・小雪・雪・暴風雨・霧・濃霧

見透し　(良い)・悪い（障害物　　　　　　　　　　　　　　　　　　　　　があった。）

道路の状況（あなた（被災者）が運転者であった場合に記入してください。）
　　　　　　道路の幅　（　　　　　m）、(舗装)・非舗装・坂（上り・(下り))・(緩)・急）
　　　　　　でこぼこ・砂利道・道路欠損・工事中・凍結・その他（　　　　　　　　　）

　　　　　（あなた（被災者）が歩行者であった場合に記入してください。）
　　　　　　歩車道の区別が（ある・ない）道路、車の交通頻繁な道路、住宅地・商店街の〕
　　　　　　歩行者用道路（車の通行　許・否）、その他の道路（

標　　識　　(速度制限)（　40　km/h）・追い越し禁止・一方通行・歩行者横断禁止
　　　　　　一時停止（有・(無)・停止線（有・無）

信号機　　無・(有)（　　　色で交差点に入った。）、信号機時間外（黄点滅・赤点滅）
　　　　　　横断歩道上の信号機（有・無）

交通量　　多い・少ない・(中位)

9　事故当時の行為、心身の状況及び車両の状況

心身の状況　(正常)・いねむり・疲労・わき見・病気（　　　　　　　　　　　）・飲酒

あなたの行為（あなた（被災者）が運転者であった場合に記入してください。）
　　　　直前に警笛を（鳴らした・(鳴らさない)　相手を発見したのは（　　　）m手前
　　　　ブレーキを（かけた（スリップ　　　m）・(かけない)、方向指示灯（だした・(ださない)
　　　　停止線で一時停止（した・しない）、速度は約（　　　）km/h　相手は約（　　　）km/h

　　　　（あなた（被災者）が歩行者であった場合に記入してください。）
　　　　横断中の場合　横断場所（　　　　　　　　）、信号機（　　　　　）色で横断歩道に入った。
　　　　　　　　　　　左右の安全確認（した・しない）、車の直前・直後を横断（した・しない）
　　　　通行中の場合　通行場所　　（歩道・車道・歩車道の区別がない道路）
　　　　　　　　　　　通行のしかた　（車と同方向・対面方向）

10　第二当事者（相手方）の自賠責保険（共済）及び任意の対人賠償保険（共済）に関すること

(1) 自賠責保険（共済）について
証明書番号　第　1234567　　　号
保険（共済）契約者　（氏名）労働運輸（株）　第二当事者（相手方）と契約者との関係　　従業員
　　　　　　　　　　（住所）東京都大田区蒲田○-○

保険会社の管轄店名○○火災海上（株）○○支店　　電話　03　-　××××　-　××××
管轄店所在地　東京都千代田区丸の内×-×-×　　　　　　　　　郵便番号○○○-○○○○

(2) 任意の対人賠償保険（共済）について
証券番号　第　1234567　　　号　　保険金額　対人　　無制限　　万円
保険（共済）契約者　（氏名）労働運輸（株）　第二当事者（相手方）と契約者との関係　　従業員
　　　　　　　　　　（住所）東京都大田区蒲田○-○

保険会社の管轄店名○○火災海上（株）○○支店　　電話　03　-　××××　-　××××
管轄店所在地　東京都千代田区丸の内×-×-×　　　　　　　　　郵便番号○○○-○○○○

(3) 保険金（損害賠償額）請求の有無（有・(無)
　　有の場合の請求方法　イ　自賠責保険（共済）単独
　　　　　　　　　　　　ロ　自賠責保険（共済）と任意の対人賠償保険（共済）との一括
　　保険金（損害賠償額）の支払を受けている場合は、受けた者の氏名、金額及びその年月日
　　　　氏名　　　　　　　　金額　　　　　　円　　受領年月日　　年　　月　　日

11　運行供用者が第二当事者（相手方）以外の場合の運行供用者

名称（氏名）労働運輸（株）　　　　　　　　　　　　電話　03　-　××××　-　××××
所在地（住所）東京都大田区蒲田○-○　　　　　　　　　　　郵便番号○○○-○○○○

12　あなた（被災者）の人身傷害補償保険に関すること

人身障害補償保険に　（加入している・(していない)
証券番号　第　　　　　号　保険金額　　　　万円
保険（共済）契約者　（氏名）　　　　　　　　あなた（被災者）と契約者との関係
　　　　　　　　　　（住所）

保険会社の管轄店名　　　　　　　　　　　　　電話　　　-　　-
　　　　　　　　　　　　　　　　　　　　　　　　　郵便番号　-

　　　　　　　　　　　　　　　　請求の有無　　有・無
　　　　　　　　　　　　を受けている場合は、受けた者の氏名、金額及びその年月日
　　　　　　　　金額　　　　　　円　　受領年月日　　年　　月　　日

> 交通事故の場合は、この「届その２」にわかる範囲で詳しく記入する。交通事故でなければ「届その２」は記入不要。

> 運行供用者とは、自己のために自動車の運行をさせる者をいう。一般的には、自動車の所有者か運転者の使用者がこれに該当する。

◎「届その３」の記載例◎

(届その３)

13 災害発生状況

第一当事者（被災者）・第二当事者（相手方）の行動、災害発生原因と状況をわかりやすく記入してください。

△△△にある得意先で業務を終えて恵比寿にある会社へ戻る途中、国道○号線と国道△号線の交差点の信号が赤に変わったため、停止していたところ、後方から加害者（伊藤氏）運転の車が私の車にぶつかってきました。このため私は頭部を強く打ち負傷しました。

> どのような目的で、どこへ行くときに、どのようにして事故が発生したか、事故に至るまでの経緯、行動を詳しく記入する。

14 現場見取図

道路方向の地名（至○○方面）、道路幅、信号、横断歩道、区画線、道路標識、接触点等くわしく記入してください。

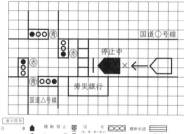

表示符号

	横断禁止		信　号	◯◯◯	横断歩道
自　車	●		✕（矢、赤、青）		
相　手　車	◆	人　間		接触点	✕
進行方向	↑	自　転　車		一　時　停　止	▽
		オートバイ	☖		

15 過失割合

私の過失割合は　　0　　％、相手の過失割合は　　100　　％だと思います。

理由　信号が赤に変わっているにもかかわらず、わき見運転していた相手方が停止しなかったため。

16 示談について

イ　示談が成立した。（　　年　　月　　日）　　　ロ　交渉中

ハ　示談はしない。　　　　　　　　　　　　　　　ニ　示談をする予

ホ　裁判の見込み（　　年　　月　　日頃提訴予定）

> 示談にあたっては、事前に労基署に相談する。また、示談をした場合は、示談書の写しを必ず労基署へ提出する。

17 身体損傷及び診療機関

	私（被災者）側	相手側（わかっていることだけ記入してください。）
部位・傷病名	頚椎捻挫	身体損傷なし
程　　　度	全治１か月（入院加療４日間）	
診療機関名称	広尾病院	
所　在　地	東京都渋谷区広尾×-×	

> 被災労働者と相手方の負傷、損害について、わかる範囲で記入する。病院を変更した場合は、変更前後の病院のどちらも記入する。

18 損害賠償金の受領

受領年月日	支払者	金		支払
受領なし				

> 業務災害の場合は、事業主の証明が必要。通勤災害の場合は、この欄は記入不要。

	1欄の者については、2欄から6欄、13欄及び14欄に記載したとおりであることを証明します。
事業主の証明	令和○○年　3　月　10　日 事業場の名称　佐藤商事株式会社 事業主の氏名　代表取締役　佐藤　太郎 （法人の場合は代表者の役職・氏名）

> 相手方から損害賠償を受けた場合は、その内容について詳しく記入。受けていない場合は「受領なし」と記入する。

◎交通事故による場合に添付が必要な届出書の記載例◎

様式第3号

交通事故発生届（「交通事故証明書」が得られない場合）

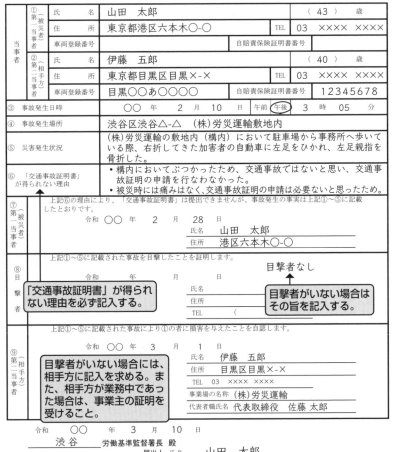

当事者	①（被災者）第一当事者	氏　名	山田　太郎		（ 43 ） 歳
		住　所	東京都港区六本木〇-〇	TEL	03　××××　××××
		車両登録番号		自賠責保険証明書番号	
	②（相手方）第二当事者	氏　名	伊藤　五郎		（ 40 ） 歳
		住　所	東京都目黒区目黒×-×	TEL	03　××××　××××
		車両登録番号	目黒〇〇あ〇〇〇〇	自賠責保険証明書番号	12345678

③ 事故発生日時　〇〇 年 2 月 10 日　午前（午後）3 時 05 分

④ 事故発生場所　渋谷区渋谷△-△　（株）労災運輸敷地内

⑤ 災害発生状況
（株）労災運輸の敷地内（構内）において駐車場から事務所へ歩いている際、右折してきた加害者の自動車に左足をひかれ、左足親指を骨折した。

⑥ 「交通事故証明書」が得られない理由
・構内においてぶつかったため、交通事故ではないと思い、交通事故証明の申請を行なわなかった。
・被災時には痛みはなく、交通事故証明の申請は必要ないと思ったため。

⑦（被災者）第一当事者
上記⑥の理由により、「交通事故証明書」は提出できませんが、事故発生の事実は上記①〜⑤に記載したとおりです。
令和 〇〇 年 2 月 28 日
氏名　山田　太郎
住所　港区六本木〇-〇

⑧ 目撃者
上記①〜⑤に記載された事故を目撃したことを証明します。
令和　　　年　　　月　　　日
目撃者なし
氏名
住所
TEL　（

「交通事故証明書」が得られない理由を必ず記入する。

目撃者がいない場合はその旨を記入する。

⑨（相手方）第二当事者
上記①〜⑤に記載された事故により①の者に損害を与えたことを自認します。
令和 〇〇 年 3 月 1 日
氏名　伊藤　五郎
住所　目黒区目黒×-×
TEL　03　××××　××××
事業場の名称　（株）労災運輸
代表者職氏名　代表取締役　佐藤　太郎

目撃者がいない場合には、相手方に記入を求める。また、相手方が業務中であった場合は、事業主の証明を受けること。

令和 〇〇 年 3 月 10 日
渋谷 労働基準監督署長 殿
届出人　氏名　山田　太郎
　　　　住所　港区六本木〇-〇

［注意］
1. 警察署への届出をしなかった等のために「交通事故証明書」の提出ができない場合に提出してください。
2. ①及び②の「車両登録番号」及び「自賠責保険証明書番号」の欄には、交通事故発生時において、被災者又は第三者が乗車していた車両に関する事項を記載してください。
3. ⑨の「事業場の名称」及び「代表者職氏名」の欄には、⑨の第三者が業務中であった場合のみ⑨の第三者の代表者の証明を受けてください。
4. ⑦、⑧及び⑨の「氏名」の欄、⑨の「代表者職氏名」の欄及び「届出人氏名」の欄は、記名押印に代えて、自筆による署名をすることができます。

PART 3

こんなときの取扱いは？

労災認定の可否をめぐる
事例集

うーん

3-1 業務災害①
業務終了後の災害は労災か？

ケース

　工場で勤務していた従業員Cは、業務を終了して着替えをすませたあと、帰宅しようと作業場から工場施設内の階段を降りていた。その際、階段の滑り止めに靴の踵がひっかかり、前のめりになって転落。頭部打撲などのケガを負った。

　このように業務終了後のケガでも労災保険の業務災害として認められるのでしょうか？

ジャッジ

業務災害と認められる（昭50.12.25／基収第1724号）

ポイント

- 事業場施設内における、業務に就くための出勤または業務を終えたあとの退勤で、「**業務と接続しているもの**」は業務行為そのものではないが、業務に通常付随する準備・後始末行為と認められること

- このケースにおける退勤は、終業直後の行為であって、「**業務と接続する行為**」として認められること。この転落事故が、従業員Cの積極的な私的行為や恣意的行為によるものとは認められないこと

- このような事故は通常、発生しうるような災害であること
　これらの理由から業務災害として認められました。

アドバイス

　このケースでは、業務終了直後に帰宅をしようとしていました。仮に、業務終了時刻と事故が発生した時刻があまりにもかけ離れていたり、Cが階段で同僚とふざけていてケガをした場合であったなら、私的行為とみなされ業務災害と認められない可能性があります。

3-2 業務災害②
会社行事での災害は業務災害か？

ケース

　T株式会社には、福利厚生のため合計10のクラブがあり、会社負担も含めた年間の予算でクラブ活動を行なっていた。

　野球部もそのクラブのひとつで、毎年、ある野球大会へ会社名で参加し、この大会へ出場している不就労の時間は賃金カットを行なわないとしていた。

　この野球大会の地区予選の際に、二塁手Nが捕手からの送球をランナーの足元にタッチしたときに、左手根元をスパイクされ、全治2週間の負傷をした。

　このような、会社で参加していた行事で負傷した場合、労災保険の業務災害として認められるのでしょうか？

ジャッジ

業務災害と認められる（昭42.5.8／基収第1987号）

ポイント

　T株式会社では、野球部員が業務時間外の対外試合に出場することについて、次のような規定がありました。

　「年間定まった大会に出場する場合は、賃金は時間引きとせず会社負担とする」

　この「年間定まった大会」とは、以下のとおりです。

①中小企業協同組合主催のもの

②T市軟式野球連盟主催のもの

③健保野球大会

④労政事務所主催のもの

⑤その他労働組合関係主催のもの

　ただし、④、⑤の場合は、そのつど協議して決定する、とされて

いました。

　ケースにあげた災害が起きた試合は、③にあたりました。

　また、①〜⑤に該当する大会について、必ずしもすべてに出場を認めているわけではなく、業務の繁忙期には出場を見合わせています。出場者についても、野球部から提出された出場者名簿によって現場の長と協議して、作業上、差し支えのある従業員に関しては変更が命じられることもありました。

　これらの規定や慣習から、この野球大会への出場は、**事業の運営上必要であった**と認められ、また、**事業主の命令によって行なわれたことが明らか**であるので、この負傷に関しては業務災害として認められました。

アドバイス

　このケースでは、大会が所定労働時間内に開催され、かつ賃金カットが行なわれていないことが、業務災害と認められた大きな理由と考えられます。

　平成12年に「事業内の運動競技会についての取扱基準」が通達として出ていますので、あわせて確認しておきましょう。

【事業内の運動競技会についての取扱基準】

（１）運動競技会出場に伴う災害について

　労働者の運動競技会出場については、以下に掲げる「対外的な運動競技会」または「事業場内の運動競技会」の区分ごとに、次の要件をすべて満たした場合に業務災害として扱われること。

①対外的な運動競技会

　　イ運動競技会出場が、出張または出勤として取り扱われるものであること

　　ロ運動競技会出場に関して、必要な旅行費用等の負担が事業主により行なわれ（競技団体が全部または一部を負担する場合を含む）、労働者が負担するものではないこと

　なお、労働者が個人として運動競技会に出場する場合において、

上記④および⑤の要件を形式上満たすに過ぎない場合には、事業主の便宜供与があったものと解されることから、「業務行為」とは認められないこと。

②事業場内の運動競技会

運動競技会は、同一事業場または同一企業に所属する労働者全員の出場を意図して行なわれるものであること。

運動競技会当日は、勤務を要する日とされ、出場しない場合には欠勤したものとして取り扱われること。

（2）運動競技の練習に伴う災害について

労働者が行なう練習については、上記（1）の①に掲げる要件に加え、事業主があらかじめ定めた練習計画に従って行なわれるものであること。

ここでいう「練習計画」は、

①練習に係る時間、場所および内容が定められていることが必要であること。

②事業主があらかじめ認めた範囲内において、労働者に当該練習計画の変更についての裁量が与えられているものであっても、これに該当するものであること。したがって、練習計画とは別に、労働者が自らの意思で行なう運動は、ここでいう「運動競技会の練習」には該当しないものであること。

ケース

　工場で裁断係として働いていた従業員Cは、休憩時間中に上司である体育推進員の指導のもと行なわれた職場体操に続いて行なわれたハンドボールを使った簡易ゲームの最中、ボールを蹴りそこなって足がボールの上に乗って転倒、負傷した。

　会社では、Cが所属している工場開設以来、従業員の健康と体力増進をはかり、災害の減少や欠勤率の減少に資するとして職場における体育活動を推奨していた。

　この工場では、職場体操として始業前・休憩時間後・終業時の体操が各職場で行なわれていたほか、自主体育活動として運動会等の工場全体の行事や各班別のシフトによる体育行事、班ごとの体育活動などが行なわれていた。

　これらの職場体育については、直接、会社の指揮命令によって行なわれていたものではなく、従業員のグループ活動として体育推進員が中心となり、従業員たちで決定して行なっていたものだった。会社は、各班の自主体育活動の報告を受けたことも、報告を求めたこともなく、また人事や給与面で不利益な措置を講じたこともなかったが、不参加者には体育推進員が「なぜ参加しないのか」等たずね、従業員は事実上参加せざるを得ない状態だった。

　このような場合、労災保険の業務災害として認められるのでしょうか？

ジャッジ

業務災害として認められる（昭57.11.5／佐賀地裁判決）

ポイント

　このケースで争点となったのは、災害の原因となった職場体操に続いて行なわれた「簡易ゲーム」が、休憩時間中に従業員たちによって自主的に実施されていた、まったくの私的なものであったか、という点でした。

● 職場体操、その後の簡易ゲームについて、会社は生産体育の一環として積極的に推進していたこと

● 体育推進員は各班の従業員のなかから選出されるが、事実上はその班の職長が選ばれる慣行になっていたこと

● 従業員たちは、職場の上司でもある体育推進員から、できるだけ職場体操に参加するように指導され、事実上は病気や負傷などのやむを得ない事情がない限りは参加せざるを得ない状況にあったこと

　主に、これらの事情を総合して判断した結果、災害の直接の原因となった「簡易ゲーム」は従業員同士が自由に行なう私的なゲームとしての性格ではなく、**会社の業務と密接な関係性のある行為**とみることができ、この間に発生した事故は業務に起因するものとみるのが相当であるとして、業務災害と認められました。

アドバイス

　休憩時間は、業務から解放されて自由に行動することが保障されています。このケースで、体操や簡易ゲームへの参加が出欠もとられない、まったくの自由参加であったとしたならば、業務災害とは認められません。

　しかし、自由参加であっても、会社の施設設備の不備（たとえば、屋上のフェンスが老朽化していて、それが原因で休憩時間中に従業員が転落したなど）があった場合は、業務災害として認められます。

業務災害④
特別加入者の労災事故の判定は？

ケース

　油圧プレス機械により電気製品の部品の組立、加工を行なっている中小企業の取締役Ｔは、労災保険の特別加入者だった。

　Ｔは、ある就業日の早朝に、工場内でプレス機械に付着したバリ（製品の縁にはみ出してできる余分な部分）取りの作業をしていたところ、誤って機械に頭部をはさまれ、頭部れき断の傷害により即死した。Ｔは朝から得意先まわりの予定が入っていたため、早朝４時30分頃から１人でバリ取りの作業を行なっており、午前６時30分頃に死亡した。

　このような場合、労災保険の業務災害として認められるのでしょうか？

ジャッジ

業務災害と認められない（昭58.4.20／浦和地裁判決）

ポイント

　特別加入者の業務災害が認められるためには、以下の条件があります（厚生労働省の定めによる、労災保険の対象範囲（業務災害）より）。

①特別加入申請書の「業務の内容」欄に記載された労働者の所定労働時間（休憩時間を含む）内に、特別加入申請した事業のためにする行為およびこれに直接付帯する行為を行なう場合（事業主の立場で行なわれる業務を除く）

②労働者の時間外労働または休日労働に応じて就業する場合

③上記①または②に前後して行なわれる業務（準備・後始末行為を含む）を中小事業主のみで行なう場合

④上記①〜③の就業時間内における事業場施設の利用中および事業

　場施設内で行動中の場合

⑤事業の運営に直接必要な業務（事業主の立場で行なわれる業務を除く）のために出張する場合

⑥通勤途上で次の場合

　㋑労働者の通勤用に事業主が提供する交通機関の利用中

　㋺突発事故（台風、火災など）による予定外の緊急の出勤途上

⑦事業の運営に直接必要な運動競技会その他の行事について労働者（業務遂行性が認められる者）を伴って出席する場合

　Tのケースでは、以下の3つの理由により、業務災害とは認められませんでした。

①災害が起きた作業が就業時間の午前8時よりも1時間半も前であったこと

②特別加入申請書に記載しなかった得意先まわり（これは事業主としての業務と考えられる）を早々に行なうためにバリ取り作業を早朝に行なったと考えられること

③バリ取り作業と本来の就業時間との間に得意先まわりが介在していることから、就業のための準備行為にもあたらないこと

ケース

　従業員Tは、泊りがけの出張で同僚とともに合計4名で宿泊。その日の夕食は4名でとり、飲酒もしていた。

　その夜、宿泊施設を1人でぶらついていたTは階段を降りようとした際、足を踏み外して転倒し、頭部打撲による急性硬膜外血腫傷害を負い、この傷害が原因で死亡した。

　このような場合、労災保険の業務災害として認められるのでしょうか？

ジャッジ

業務災害と認められる（平5.4.28／福岡高裁判決）

ポイント

　同僚たちの話を踏まえて事故当時の状況を整理すると、4名は同じ部屋で寝起きしており、Tは同僚たちが寝入るのを待ってから就寝しようと、宿泊している部屋の外で、下の階をぶらついたりトイレに行ったりした後、宿泊部屋に戻ろうとしたと考えられました。

　そして、部屋に戻るときに下の階のトイレのサンダルを履いていることに気がつき、下の階へ降りようとした際、足を踏み外して転倒しました。この間に、Tが業務とまったく関係のない私的行為や恣意的行為をしていたと示す根拠は見当たりませんでした。

　また、同僚たちとの飲酒行為については、このケースのように宿泊を伴う出張で、寝食をともにする場合に通常随伴する行為といえなくはないものと判断されました。

　事故が起きた日以外にも、このような出張の際には、夕食時にともに飲酒をすることが習慣となっていたことも合わせて考えると、この飲酒も積極的な私的行為や恣意的行為に及んでいたとも判断さ

れませんでした。

　このように、事故当時の状況を総合的に判断し、業務中の行為として認められました。

アドバイス

　出張は、通常の勤務地を離れて用務地に赴いてから、用務を果たして帰るまでの「全過程」が業務行為として扱われます。

　朝、自宅から出張先に直接向かったり、帰り道に会社に寄らずに直接自宅に帰る場合は、その過程についても、通勤ではなく「業務行為」として扱われます。

　しかし、出張期間中の積極的な私的行為、恣意的行為を行なっている間は、業務中とは認められません。

　たとえば、出張の帰りがけに途中下車をして観光をする、実家に立ち寄るなどの行為は私的行為となります。

　このケースの死亡したTの場合は、死亡の原因となった事故が起きた当時のTの行動に、積極的な私的性・恣意性があったのかどうかが争点となりました。

通勤災害①
通勤終了後の事故でも通勤災害か？

ケース

　従業員Aは、マイカーで通勤をしており、被災当日もマイカーで自宅を出発し、会社周辺にある駐車場（駐車場から会社までの距離は100m）に車をとめて出勤。職場で出勤したことを明示した後、あとから出勤してきた同僚から、車のライトが点灯していることを知らされたため、ライトを消すためにすぐに同僚の自転車を借りて駐車場に引き返す途中、門を出て市道を横断するときに、走行してきた自動車にはねられ負傷した。

　このような場合、労災保険の通勤災害として認められるのでしょうか？

ジャッジ

通勤災害と認められる（昭49.6.19／基収第1739号）

ポイント

　このケースでは、**通勤とかけ離れた行為ではなく、時間の経過もほとんどない**ことから通勤災害として認められました。

　通常、労働者が事業主の支配管理下にあると認められる事業場内に到達した時点で通勤は終了となりますが、このケースのように、マイカー通勤者が車のライトの消し忘れに気づいて駐車場に引き返すということは、一般的に考えられる範囲のことであり、通勤とかけ離れた行為ではないので、いったん事業所内に入った後のことであった場合でも、出勤後時間の経過がほとんどないことから通勤災害として取り扱われたわけです。

アドバイス

　そのほか通勤災害として認められた事例として、「就業開始前に労働組合の集会に参加するため、通常の出勤時間より早く会社へ向

かう途中の災害」があります（昭52.9.1／基収第793号）。

　従業員Bが働くタクシー会社の労働者で組織する労働組合が、賃上げ要求に対する会社側の回答に不満があるとしてストライキを決行。ストライキ終了前に営業所を含む全組合員が参加予定の決起集会を本社構内駐車場で開くことになっていました。

　Bは、本社勤務でストライキ終了直後から勤務予定のため、決起集会終了後は直ちに勤務につく心づもりをし、決起集会に出席するためにいつもより約1時間半早くバイクで自宅を出発。通勤経路途上をバイク運転中に横風を受け、バランスを崩してバイクとともに転倒、負傷したものです。

　1時間半早く自宅を出る行為が、業務以外の目的であることから、就業との関連はないものと考えることはできますが、この集会の終了予定時間がBの当日勤務開始時間と同じであることから、就業との関連性をまったく否定することはできないのではないかというものです。

　この事例は、Bが当日業務に従事することが勤務時間割等により客観的に明らかになっていること、また、通常の出勤時間より1時間半早く自宅を出ることが、社会通念上、就業との関連性が失われると考えられるほど、かけ離れたものではないことなどを理由に通勤災害と認められました。

　一方、通勤災害と認められなかった事例として、「業務終了後、事業施設内でサークル活動を行なった後、帰宅する途中の災害」があります（昭49.9.26／基収第2023号）。

　従業員Cは、業務終了後、会社内の茶道室でお茶の稽古に参加。約2時間半お茶の稽古後、更衣室で着替えをして業務終了後、約3時間経過した時点で退社しました。その後、通常の通勤経路を徒歩で帰宅している途中で暴漢に襲われ殺害されました。

　この事例は、業務終了後サークル活動に要した時間は社会通念上、就業と帰宅との直接の関連性を失わせると認められるほど長時間であり、その後の帰宅については通勤災害は認められませんでした。

通勤災害②
届出経路と異なる場合でも通勤災害か？

ケース

　共働きである従業員Aが、妻を乗せてマイカーで出勤する途中、自分の勤務場所を通り越し、450mほど走行し、妻の勤務場所で妻を下車させ、再びAが勤務先に向かって走行中に、鉄道の踏切でディーゼル機関車と衝突し負傷した。

　このような場合、労災保険の通勤災害として認められるのでしょうか？

ジャッジ

通勤災害と認められる（昭49.3.4／基収第289号）

ポイント

　こういったケースでは、**交通の便や、夫と妻の勤務先の距離等を勘案して、状況に応じて判断**されます。

　妻の勤務先を経由することは、就業に関し、住居と就業の場所との間を「合理的な経路および方法」により往復していることにあたるのでしょうか。

　「合理的な経路」とは、乗車定期券に表示されている経路や会社に届け出ている鉄道、バス等の通常利用する経路、または通常これに代替することが考えられる経路等をいいます。

　たとえば、通勤経路が道路工事中などのため、当日の交通事情により迂回する経路や、他に子供を監護する者がいない共働き夫婦が就業のために子供を託児所や親せき等に預けるためにとる経路は、そのような立場にある労働者であれば当然、就業のためにとらざるを得ない経路であるため、合理的な経路であると認められます。

　マイカー通勤による共働き夫婦であるこのケースでは、妻の勤務先が夫の勤務先と同一方向で、さほど離れていなければ、夫婦が相

乗りでマイカー通勤して、妻の勤務先を経由することは、「合理的
な経路」であると認められています。

アドバイス

一方で、こんな事例もあります。

マイカー通勤をしている従業員Bは、業務終了後に事業場施設内
にある風呂に入り、30分後、共働きをしている妻を迎えに行くため
会社からマイカーで1.5km先にある妻の勤務先に向かう途中、後続
車に追突され負傷しました。

Bは、マイカーで出勤時に妻を同乗させています。妻は、Bの会
社の近くで降車後、徒歩で勤務先へ通勤。退勤時は、Bが妻の勤務
先に迎えに行き、妻を同乗させて帰宅しているのが常態でした。

この事例も、マイカー通勤の共働き夫婦で、妻の勤務先は夫の勤
務先と同一方向にあります。しかしながら、迂回する距離が3km（B
の会社と妻の勤務先との往復距離）と離れており、著しく遠回りだ
として、「合理的な経路として取り扱うことは困難であり、逸脱中
の災害に該当する」という判断がされています（昭49.8.28／基収第
2169号）。

夫と妻がマイカーに同乗して同一方向に向かう場合は、夫の勤務
先から妻の勤務先までの距離やその他の交通事情（たとえば、被災
労働者が住む地域は山間部などのため、鉄道やバスを用いて通勤し
た場合はきわめて不便で、マイカー通勤が合理的である）などが判
断の基準となります。

上記の2つの事例から考えると、共働き夫婦が同一方向に通勤す
ること、そして妻の勤務先が夫の通勤先と著しく離れていないよう
であれば、合理的な経路として通勤災害と認められる可能性がある
と考えられます。

通勤災害③
病院からの出勤でも通勤災害か？

ケース

　従業員Ａの夫は、被災数日前にＩ病院で頸椎の手術を受けた。Ａは、夫の手術の日および手術後は、９日間、勤務を休み、付添い看護。

　その後も、Ａは勤務のかたわら姑と１日交替で夫の看護にあたり、看護にあたっていた間の通勤経路は、自宅から勤務先に出勤し、業務終業後、Ｉ病院へ行き付添い看護をしていた。その翌日は、Ｉ病院から直接、勤務先に出勤して業務を行ない、業務終了後は自宅に帰るということを繰り返していた。

　被災当日も、ＡはＩ病院から勤務先に向かったが、その途中で、路面が凍結している道を歩行中に転倒し負傷した。

　このような場合、労災保険の通勤災害として認められるのでしょうか？

ジャッジ

通勤災害と認められる （昭52.12.23／基収第981号）

ポイント

　このケースでポイントとなるのは、夫の看護のために宿泊していたＩ病院が、通勤災害でいうところの「住居」として認められるかどうかです。

　「住居」とは、一般的には労働者が居住して日常生活のために用を供している家屋等の場所で、本人の就業のための拠点となるところをさします。しかし、一定の事由があり、やむを得ない事情で一時的に居住場所を移している場合には、一時的に居住を移している場所が住居として認められます。

　このケースの場合、入院中の夫を看護するために、妻がＩ病院に

泊まることは、社会通念上、行なわれることであるといえます。また、手術当日から数日間、継続して宿泊していた事実があることから、被災当日のＩ病院は、Ａにとって就業のための拠点として認められました。

　同様の事例に、「長女の出産に際し、その家族の世話をするために宿泊した長女宅から勤務先に向かう途中の災害」（昭52.12.23／基収第1027号）があります。

　従業員Ｂは、娘が出産するため、同一市内に住む娘の家族（夫婦と４歳・３歳の子供）の家事や出産後の娘の世話等をするために、被災当日までの15日間、娘宅に泊まり込み、そこから通勤をしていました。

　被災当日、Ｂは、娘の夫が運転する自家用車に娘の子供２人とともに同乗して家を出発、子供たちを託児所に預けた後、すぐに引き返し、勤務先に送ってもらうために再度、車に乗り込もうとしたときに、凍結していた道路で足を滑らせて転倒して負傷しました。

　この場合、Ｂが娘宅から通勤する行為は、客観的に一定の持続性があると認められます。また、Ｂは娘宅で子供の世話をする立場にあったと考えられるので、子供を出勤途中で託児所に預けるためにとる経路は、本人の就業の経路のためにとらざるを得ない経路であり、それは合理的な経路であるとして、通勤災害として認められました。

アドバイス

　以下のようなケースでは、「住居」としては認められません。
- 交際相手宅から会社へ自家用車で出勤する途中で衝突したことによる死亡
- 麻雀後、宿泊した友人宅から出勤途中に負傷
- 会社帰りに同僚たちと飲食後、夜遅くなったため、宿泊したホテルから出勤途中に負傷

通勤災害④
浸水経路を帰宅中の災害は通勤災害か？

ケース

従業員Ａは、三交替制勤務を終え帰宅する途中、駅の自転車預かり所に立ち寄り、そこで職場の同僚Ｂ、Ｃと会った。

当時、集中豪雨のため近くの河川が氾濫したことにより道路が浸水。自転車で帰宅することが困難だと判断したためなのか、Ａは預かり所でズボンを脱ぎ、傘をさして、同僚Ｂ、Ｃより先に雨のなか帰路についたが、溺死体となって発見された。

同僚Ｂは、カッパを着用していたため70ｍほど遅れて同じ帰路を進んでいたが、集中豪雨による浸水で水深が膝ぐらいまであり、自分の足元を見るのが精一杯で、他人の行動を気づかう余裕はない状態であった。

詳細な原因は不明だが、災害現場は約５ｍにわたり路肩が崩れていることから、路肩の窪みに足をとられて転落し溺死したものと推定される。

このような場合、労災保険の通勤災害として認められるのでしょうか？

ジャッジ

通勤災害と認められる（昭50.4.7／基収第3086号）

ポイント

通勤災害とは、通勤に通常伴う危険が具体化したことによって被ったものをいいます。天災事変などの場合は、たとえ通勤途上に発生した場合であっても、一般的に「通勤による」ものとは認められません。

しかし、通勤途上に災害を被りやすい特段の事情がある場合は、天災事変による災害の危険性も、同時に通勤に伴う危険とすること

ができるので、「通勤による」ものと認めることが相当であると取り扱われます。

このケースでは、Aは、業務終了後に直ちに退社していること、通常の通勤経路を通って帰宅する途中に被災していること、浸水により歩けない状況ではなかったこと、他の経路はこの経路より地盤が低いため、浸水の度合いが大きかったと推測されること、経路通行禁止等の措置が取られていなかったこと、Aはこの付近の地理には詳しいこと、経路が農道を改良したもので舗装している部分と未舗装の傾斜している路肩からできているなどにより、浸水する以前から危険があり、この経路を通る者にとって、崩れた路肩から足を滑らせる災害を被る危険があったと考えられることなどから、Aが、この経路を通行したことに合理性があり、通勤に通常伴う危険がたまたま大雨がきっかけとなり具体化したものとして「通勤による」と取り扱うのが妥当である、と判断されたのです。

なお、特に規模が大きい天災事変の場合、通勤途上の有無を問わず広範囲にわたって災害を被る危険性があり、たとえ通勤途上という事情がなかったとしても、誰もが同じように天災事変により被災するであろうと解釈されるため、発生状況の如何を問わず「通勤による」とは認められなくなります。

通勤災害⑤
通勤途上の疾病による負傷は通勤災害か？

ケース

　従業員Aは、会社で技術職として働いていたが、被災当日、マイカーで会社から帰宅途中に、他の車に接触し、その後、停止していた別の車に追突。事故後、警察官が事故の状況を聞いたが、本人の様子がおかしいので、救急車を呼び、Aは病院へ搬送された。病院でAは「脳内出血」と診断され、病院にて加療・療養・リハビリなどを受けた。

　このような場合、労災保険の通勤災害として認められて保険給付は受けられるのでしょうか？

ジャッジ

通勤災害と認められない（平12年／労第235号）

ポイント

　「通勤による疾病」とは、通勤による負傷に起因する疾病、その他通勤に起因することの明らかな疾病とされています。労働者が通勤経路上で疾病を発症した場合、その疾病が通勤によるものと認められるためには、**通勤と疾病の発症との間に相当な因果関係が認め**られなければなりません。

　このケースのAは、脳内出血は通勤によるものであり、仕事の影響もあったと主張していました。

　この疾病が通勤によるものかどうかについては、①勤務終了後、合理的経路および方法によって帰宅しつつあったものと認められる、②退社時刻と事故発生場所から考え、通勤経路からの逸脱や中断はなかったと判断されました。

　次に、通勤と疾病の発症との間の相当な因果関係については、まず事故当日のAの勤務中および退社時において、Aの体調等に特段

の異常があったことをうかがわせる事情は認められないことから、Aが退社し、帰宅の途に就いた後に発症したものと考えられます。

さらに、事故発生の経過についてみると、事故発生場所はAが通常通勤に利用する経路にあり、道路事情および交通事情もよく知っており、Aはこの通勤経路上で特に危険を感じるところはなかったとしています。また、事故当日は、交通量は少ないほうであり、道路工事の箇所もなく、走行中に異常を感じたことはなかったとしていることから、事故発生までに疾病をもたらすような突発的・異常な出来事に遭遇した事実はなかったと推測されます。

医師の診断によると、事故はAの運転操作の誤りや突発的な出来事によって生じたものではなく、車との接触事故以前に脳内出血を発症し、これが原因で事故を起こすに至ったとみるのが相当であり、Aの脳内出血の発症を通勤によるものと認めることはできない、としています。

また、勤務状況等からみて、業務で過重な負荷があったとは認められないとして、業務災害としても認められないとしています。Aの疾病は、加齢、過去の喫煙歴、飲酒の習慣等により、血管が脆弱であったところに血行動態の変化があり、たまたま車に接触する前に自然経過的に発症したものとみるのが相当であるとしています。

以上のことから、Aが発症した疾病は、通勤によるものとは認められず、また、業務上の事由によるものとも認められませんでした。

アドバイス

この他にも、事故当日にいつもの起床時刻より遅れたため、朝食もとらずに自宅を出て、急いで自転車で駅に向かった従業員Bが、最寄り駅のホームに通じる階段で倒れているのを発見され、急性心不全で死亡したという事例がありましたが、このケースにおいて急性心不全の原因となるような通勤による負傷または通勤に関する突発的な出来事は認められず、通勤に通常伴う危険が具体化したものとは認められないとして、通勤災害とは認められませんでした（昭50.6.9／基収第4039号）。

部下からの暴行・負傷は労災か？

ケース

建設会社の工事課長職にある従業員Ａ（勤続32年、当時56歳）は、民間駐車場舗装工事現場において作業途中に、部下のＢ（入社１年目、当時20歳）から、背中を蹴られる暴行を受け、負傷した。

現場の総監督であるＥから、作業の指示を受けたＢは、指示どおりに作業をしているようで、実際には作業をせずに遊んでいた。他の現場職員から、Ｂが遊んでいるとＡに報告があり、現場監督を任されていたＡはＢに対して別の仕事を指示したが、これにＢが反発。

Ｂ「総監督であるＥさんからの指示でやっている仕事だ」

Ａ「口答えするな。親方の言うことを聞け」

Ｂ「ヘルメットもかぶらないやつが親方かよ」

Ａ「親のしつけがなってない。親がバカなら子供も馬鹿だ」

といった口論の末、Ｂは板切れをブロック塀に投げつけた。Ａが「人に当たったらどうするんだ」と注意したところ、Ｂは憤慨し、暴行に及び、Ａが負傷した。なお、ＡとＢは、この日以外にも、これまでたびたび口論になっていた。

このような場合、Ａのケガは労災になるのでしょうか？

ジャッジ

労災として認められる（平15.7.25／新潟地裁判決）

ポイント

このケースは、業務災害と判定されるための要件の１つである「業務起因性」（28ページ参照）があると判断された事例です。

ある災害が業務上と認められるためには、それが業務遂行中に、

業務に起因して発生したものであることが必要です。

「業務遂行中」とは、労働者が使用者の従属関係にあることを意味し、「業務に起因する」とは、それが、業務を原因として生じた災害で、業務と事故との間に相当の因果関係がある場合をいいます。

業務遂行中に生じた災害は、業務に起因するものと推定されますが、被災者の積極的な私的行為や恣意行為により災害を誘発した場合には、私的行為・恣意行為による災害として、一般的には業務上のものではないと判断されます。

また、就業中に発生する暴力については、以下の要件をクリアすれば、業務起因性があると認められます。

「加害者の暴行の原因が何か、その原因と被災労働者の業務との関連性の有無および程度を確定し、その原因が被災労働者の相手方に対する働きかけである場合は、その働きかけた行為が当該被災労働者の業務に含まれ、あるいはそれに通常随伴または関連し、業務遂行上必要なものか否かで判断する」

具体的には、以下の①から④にもとづいて判断が行なわれます。

①**暴行行為が明らかに業務に関連していることが必要**

暴行行為が発生した経緯、労働者の職務の内容や性質（他人の反発や恨みを買いやすいものか否か）を重視します。

②**加害者の私的怨恨ないし私的関係の起因の有無**

労働者の業務と暴行が、時間的・場所的に密接に関係しているかなどということです。

③**「けんか」であっても、正当防衛や過剰防衛による場合は、けんかと同視すべきではない**

④**被害者がその職務上の限度を超えて相手方を刺激し、または、挑発したような事情があるか**

そのような事情がある場合は、恣意的に自らの被害の危険を招いたものとして、業務との相当な因果関係は認められません。

このケースでは、以前からも口論があり、私的怨恨または現場監督というＡの職務上の限度を超えた挑発的・侮辱的発言によって暴

行が引き起こされたとも考えられます。

　しかし、この暴行は、現場監督Aの仕事上の指示、注意という業務に関連して、その業務に内在する危険が現実化したものと解されます。また、口論から暴行までの一連の行動が、時間的、場所的にみてきわめて密接して行なわれている点からも、Aの業務とBの暴行との間の相当な因果関係が認められることになります。

3-12 他人による災害② 元従業員からの暴行・負傷は労災か？

ケース

　従業員Ａは、自分の勤務するトラック運送会社の元従業員Ｂ（入社14日後の４月14日に退職）から、４月17日に暴行を受けて負傷した。暴行の際には、もみあいになり、Ｂも負傷をした。

　Ａは、入社してきたＢの指導係を担当していたが、Ｂは入社当初から、言葉づかいが悪く、注意指導後の態度も反抗的であり、仕事を覚える姿勢がなかった。一方で、Ｂは、Ａからの指導に不平・不満を感じ、恨みの悪感情が生じていた。

　このような場合、Ａのケガは労災になるのでしょうか？

ジャッジ

労災として認められる（平18年／労第114号）

ポイント

　このケースは、「業務起因性」があると判断された事例です。

　業務起因性については、３－11のケースであげた①〜④のポイント（205ページ参照）にもとづいて判断されます。

　Ａは、会社からの業務命令として、また、職場の先輩として、当然の行為を行なったまでと解されます。Ａの指導のせいで、ＢがＡに対して強い不満や恨みを発生させ、暴行の実行を決定づけたと考えられ、Ｂの暴行は業務に関連しているといえます。

　また、ＡとＢは、職場以外のプライベートでの付き合いはなかったということから、私的関係が原因でＢの不満が強くなったとはいえません。

　Ｂが暴行にいたったベースは、あくまでもＡの職務上の指導によるものであって、ＡとＢの間に、入社から暴行までの17日間程度で、対人関係を背景とした悪感情が形成されたとは認められないと考え

られます。

では、暴行が、Bの在職中ではなく、退職してから3日後に発生したという事実は、どう考えたらいいのでしょうか？

判例では、この3日間という期間の解釈を、「業務上の原因が私怨に転化したといえるほどの時間的経過があったとはされない」としています。

また、AとBの「もみあい」の事実については、どう解釈したらいいのでしょうか？

実際には、もみあいの末、Aの右手がBの口元に近づいた結果、歯にあたり、Bも負傷しました。これが、「けんか」にあたるかについては、状況により判断が難しい部分になってきますが、このケースでは、いきなりBがAに暴行をし、Aも防御反応でBの足を引っ掛けて倒して、上から押さえつけたときの衝撃で、右手がBの歯にあたり、負傷したものでした。

Bはその後も暴れ続けため、Aは頭突きをして、最後にはBも負傷しました。Aの行為については、正当防衛にあたり、Aが恣意的にBを挑発したとはいえません。つまり、「けんか」が原因で、BがAに私怨をもち、負傷が発生したとはいえないことになります。

以上の検証から、Aの職務とBの暴行との間には、相当な因果関係があり、暴行によるAの負傷は、業務上の事由によるものとして、労災と認定されました。

3-13 他人による災害③
ケンカによる死亡は労災か？

📖 ケース

　個人経営の大工Bは、仕事がなく、知り合いの大工Cに仕事を紹介してもらえないか相談をしたところ、大工Cは、F工務店を紹介した。

　Bは、F工務店に行き、現場監督のDに仕事を申し込もうとしたが、不在であった。そこでBは、ちょうど現場作業をしていた従業員（大工）Aに、Dが戻ってきたら、就職を頼みに来た旨を伝えるよう伝言をした。

　その後、少しの間、Bは、Aの仕事を善意で手伝った。その際、BがAに対して、仕事上のアドバイスをしてあげたところ、Aは、自分の仕事内容を批判されたと感じた。そのためAは、Bに対して「仕事もできないのに就職の申込みに来たのか」と言い放った。

　Bは、その言葉を聞いていったんは、作業場から離れたが、頭にきたBは、近くにいた作業員にAを呼んできてもらうよう依頼。しかし、その作業員は、BがAとケンカすることも考えて、断わった。ところがBは、話をして謝罪させないとならないと言い放ち、B自らがAを呼び出した。

　BがAに「さっきは余計なことを言ったな」というと、Aは、返事もせずニヤニヤ笑った。先の作業員は危険だと感じ、Aに謝るように促すも、Aはなおもニヤニヤ笑いを続けたため、それを見たBは、自分を馬鹿にしているものと考えて、憤激のあまり、Aの顔面にパンチをし、さらに左腰につけていたハンマーでAの左頭部を殴打。Aは、数時間後に死亡した。

　このような場合、Aの死亡は労災になるのでしょうか？

労災として認められない（昭45.3.27／広島高裁判決）

ポイント

　このケースは、業務災害と判定されるための要件の１つである「**業務遂行性**」（28ページ参照）がないと判断された事例です。

　３−11および３−12のケースでみたように、被災者の職務の性格や内容などを考慮し、加害行為が明らかに業務と相当な因果関係にあると認められる場合に限り、その災害は業務上のものとなります。

　本ケースでは、まず「業務起因性」について検証すると、その判断要素である「被災者がその職務上の限度を超えて相手方を刺激し、または、挑発したような事情があるかどうか」に照らして考えると、AがBに対し侮辱的言葉を述べ、さらにBの呼びかけに応じた際にも、嘲笑的態度をとり、Bの暴行を挑発させたことが明らかです。

　Aの一連の行為は、本来の業務に含まれないことはもちろん、Aの業務に必然的に随伴または関連する行為ともいえません。

　一方で、Aの災害は、使用従属関係のもとに起きたことは事実ですから、「業務遂行性」はあります。業務遂行性があれば、通常は、業務起因性もあると考えられます。

　しかし、業務とは関連がない、Aの私的行為・恣意的行為により、自ら招いた災害がこのケースであり、死亡と業務との間には、相当な因果関係はないため、業務上の死亡にはあたらないことになったのです。

3-14 他人による災害④
怨恨による暴行は労災か？

ケース

ガスセンターの従業員Ａが宿直当番として就業中に、元部下のＢから暴行を受け、死亡したケースである。

ＡがＢからの暴行を受けたとき、２人は、直接的には上司・部下の関係ではなかったが、Ｂは、入社当初から、Ａを毛嫌いしていた。その後、ＡとＢは直接的な上司・部下の関係となるが、Ａから、職務上の指導や助言を受けるＢは、日々、Ａに対して嫌悪感を深めていた。

Ｂのある問題行動で、Ａは一度激怒し、Ｂを足蹴にするという事件が起きた。Ｂは、このＡの足蹴を深く憎むことになる。

Ｂは、配転後、別の部署でも上司・同僚と衝突し、人間関係を悪化させるが、これはすべて、Ａが原因だと思うようになる。そしてＢは、Ａを降格させる目的で嘘をついて、Ａから暴行を受けたと人権擁護委員会に訴えた。

このＢの突発的な行動に、社長はじめ会社としては、Ｂの解雇を容認する状況になったため、ますますＢはＡを憎み、殺害を意識しはじめた。

たまたま、Ａが日曜日に宿直当番をする予定を知り、人目が少ないことから、犯行に及んだのである。

このような場合、Ａの死亡は労災になるのでしょうか？

ジャッジ

労災として認められない（平11年／労第268号）

ポイント

このケースは、「業務遂行性」がないと判断された事例です。

過去に、ＡとＢは直接的な上司・部下の関係にありましたが、暴

行に及んだときは、上司・部下の関係ではないことから、BのAに対する殺意の形成と実行が、Aの業務に内在し、あるいは、これに通常随伴する危険に当たるとも認められないと考えられます。

Bが、Aの部下のときに生じた嫌悪感から、Aの部下から外れて殺意形成までの間には、相当の時間が認められます。また、BのAに対する憎しみは、その時間の経過する間に、Aに対する**私怨に転化**したと考えられます。

よって、Bが犯行に及んだ殺害は、Aの業務が原因というよりも、BのAに対する私的な怨恨によるというべきものであり、Bの犯行でAは死亡しましたが、そこに「業務起因性」は認められません。

前述の3－11および3－12のケース（いずれも労災として認められた）と比較すると、部下からの暴行で負傷（死亡）した点は同じですが、労災認定の結果は、はっきりと分かれました。

業務起因性の判断ポイントとしてあげた（205ページ参照）、①「暴力行為が明らかに業務に関連していることが必要」と、②「加害者の私的怨恨ないし私的関係の起因の有無」にもとづいて判断すると、ある程度の道筋は見えてくるものと考えられます。

アドバイス

このケースのBについては、精神疾患に罹患していたことも疑われますが、異常言動により精神疾患に罹患していると疑われる社員に対しては、まずは、産業医の受診を勧め、診断書の提出を受けて健康上、就労させることに問題がないか等を確認するべきでしょう。会社は、雇用する社員に対して安全配慮義務を負っているため、精神疾患に罹患していることが疑われる社員をそのまま就労させることは、業務遂行上のみならず安全配慮義務の観点からも問題となります。

3-15 他人による災害⑤
客による暴行は労災か？

ケース

　農協の貯金業務および物品販売業務を担当していた従業員Ａ（女性）はいつもどおり出勤してきたが、かねてより恋慕の情をもっていた客Ｂ（男性）に刺身包丁で刺され、頸動脈切断のため死亡した。

　Ｂは、日用品を買いに農協へ行ったときに、販売係として接客してくれたＡに好感をもつ。初めは単に好感をおぼえた程度であったが、以後、何回か買い物に行きＡに会うたびに、恋慕の情を抱くようになり、Ａとの結婚を考えるまでに…。しかし実際には、交際はしておらず、告白もできない状況であった。

　ところがある日、たまたまＡが婚約者と歩いているのを見てしまい、ＢはＡとの結婚ができないことを知る。翌日、ＢはＡに誰かと結婚するのかと聞いたところ、Ａはあいまいな対応をしたことに腹を立て、犯行に及んだ。

　このケースで、Ａの死亡は労災になるのでしょうか？

ジャッジ

労災として認められない（昭46.12.21／広島地裁判決）

ポイント

　第三者の暴行による災害は、他人の故意に起因するものとして、原則として業務に起因するものとはいえないとするのが一般的です。

　このケースでは、Ａの勤務中に起きた殺害であり、業務遂行中であることは確かです。問題は、Ｂの殺害行為が、Ａの業務に起因すると認められる理由があるかどうか、ということです。

　しかし、この業務起因性については、Ａの職務行為がＢの殺害行為を直接誘発したとはいえないと考えられます。

不審者が入店した場合、退去を促す職務は当然あると考えられます。本件の殺害が、Aの職務としてBへの退去命令をしたことが原因で誘発したならば、業務起因性が認められることもありえますが、残念ながら本件は、そうではありません。俗にいうストーカー被害なのです。

　Aの販売業務が、BとAが知り合うきっかけとなり、間接的ではありますが、災害行為を誘発したとの主張も考えられますが、その点については、殺害された方には酷ですが、偶然に過ぎないと考えられます。

　販売業務の職務内容は、来店客と接することが前提であり、会話ややり取りは事務的なものに過ぎません。そのため、販売の職務が理由で、そこから恋愛感情が発生するのは、通常は考えにくいものです。つまり、BがAに恋愛感情をもったのは偶然であり、Aの職務内容と殺害行為に因果関係はないため、業務起因性は認められないことになります。

アドバイス

　このようなストーカーまがいの被害について、実務上、会社は次のような点に注意が必要です。

①加害者が従業員ではない場合、まずは被害者である従業員と加害者の接触を避けるよう対処する必要があるでしょう。会社が間に入ることでかえって被害が拡大してしまう可能性もあるので、具体的な対応については警察などに相談し、慎重に行なう必要があります。

②加害者が従業員である場合は、セクハラに該当するケースも多くありますが、職場におけるセクハラは、その加害者に対して厳正に対処する旨の方針・対処の内容を就業規則等の文書に規定する必要があります。加害者が従業員の場合は、会社も従業員の職場環境を調整する義務や加害者である社員に対する監督を怠ったものとして、使用者責任や債務不履行を問われることになるため、会社としての対応には、具体性が求められます。

3-16 業務上の疾病① 過労による休業は労災か？

ケース

　保険会社の支店長付き運転手だった従業員Ａ（当時54歳）は、支店長の業務の都合に合わせて、不規則・長時間の運転業務に従事していた。

　ある早朝、支店長を出迎えに行く途中、Ａは激しい頭痛に襲われ、救急車で病院へ運ばれたところ、くも膜下出血と診断され休業することとなった。

　この場合、Ａの休業は労災になるのでしょうか？

ジャッジ

労災として認められる（平12.7.17／最高裁判決）

（ただし、以下の判断があった。

● 横浜南労働基準監督署長：認められない

● 第一審／横浜地方裁判所：認められる

● 第二審／東京高等裁判所：認められない）

ポイント

　まずは、「精神的・身体的な負荷はどれくらいあったか」ということを検証する必要があります。

　Ａの業務は、支店長のための社用車運転という精神的緊張を伴ううえ、支店長の業務の都合に合わせて不規則になり、かつ拘束時間がきわめて長く、Ａの負担は大きいものでした。

　Ａは、このような業務に長期間従事しており、特に、くも膜下出血を発症する約半年前以降の1日の平均時間外労働は7時間を超えていました。また、平均走行距離も長く、発症の前月は1日平均の走行距離が過去最高の長さでした。

　この期間、所定の休日は確保されていたとはいえ、Ａの心身には

かなり大きな負担があったといえます。

　発症の前月末から当月初旬にかけては、6日間の休日がありましたが、発症の前日は、早朝に車庫を出て帰社後も午後11時頃まで車の修理を行ない、3時間30分程度の睡眠をとって午前5時前から当日の業務につきました。そして、支店長を迎えに行くため走行中に発症したわけです。

　発症前日の走行距離は、76kmと比較的短いものでしたが、Aのこれまでの業務と比較して負担の軽いものであったとはいえず、それまでの長期間にわたる過重な業務の継続と相まって、Aにはかなりの精神的、身体的負荷を与えたものとみるべきです。

　一方で、Aは発症の基礎原因となり得る疾患（脳動脈りゅう）を有していた可能性があり、高血圧症も進行していましたが、治療の必要はない程度のものでした。健康に悪影響を及ぼす嗜好もありませんでした。

　以上の点を踏まえると、Aがもともともっていた基礎疾患の自然経過による増悪が原因で、くも膜下出血が引き起こされたとは考えられず、発症前に従事していた業務による過重な精神的・身体的負荷が、自然の経過を超えて基礎疾患を増悪させ、発症に至ったと考えるのが相当といえます。

　つまり、くも膜下出血と業務の間には相当な因果関係があるといえるため、労働基準法施行規則35条、別表第一の二第9号にいう「その他業務に起因することの明らかな疾病」に該当すると判断されました。

　この最高裁判所の判決は、**長期間の過重な業務を判断要素として採用すべきである**という、それまでの認定基準にはなかった考え方であったため、労災認定基準を改正するきっかけとなった重要な判決です。

　平成13年12月12日付で、厚生労働省労働基準局長より「脳血管疾患および虚血性心疾患等（負傷に起因するものを除く）の認定基準について」（基発第1063号）という通達が出され、行政の業務上災

害認定において、長期間にわたる疲労の蓄積の点も考慮されること
となりました。

参考

●第一審（横浜地方裁判所）判決

　精神的緊張の連続、不規則・長時間の勤務による肉体的疲労の蓄
積等の過重な業務が負荷となり、基礎疾病を自然的経過を超えて著
しく増悪させたというべきであるから、業務上の疾病というべきで
あるとして、管轄の労働基準監督署長の不支給決定処分を取り消し
た。

●第二審（東京高等裁判所）判決

　被災者の労働日数は必ずしも多いとはいえず、労働密度も特段に
高いとはいえないし、業務内容も格別、精神的緊張を伴うものであ
ったとは認めがたいこと、さらに、発症直前の業務も格別過重なも
のとは認められず、急激な血圧上昇を招いたとは認められないとし
て、業務起因性を否定した。

長時間労働による自殺は労災か？

　従業員Aは、プレス工としてB社に入社し、プレス部門のグループリーダーとして業務に従事していた。

　Aの勤務は、管理業務による責任の負荷に加えて、深夜勤務や休日出勤も多く、時間外労働も死亡の1年前だけでも年間合計1,356時間にも及んでいた。特に、死亡の前月末から当月初旬にかけては、プレス部門の作業はきわめて多忙となり、Aは「会社は辞められないのか。死んだら楽になるのかなあ」などと漏らすこともあった。こんな状況下でAは、昭和60年1月11日早朝、自宅車庫の梁にかけたロープで首を吊って自殺した。

　さて、このケースは労災になるのでしょうか？

ジャッジ

労災として認められる（平11.3.12／長野地裁判決）

ポイント

　以下の3つの点から、労災認定について考えてみましょう。

①被災者のうつ病罹患の有無

　Aは、グループリーダーの試験合格をきっかけとして、退職を望むなどの稼働意欲の低下や、疲労感、焦燥感、不安感などの精神的症状が見られるようになり、身体症状としても、吐き気、嘔吐、不眠、食欲不振、足の冷え、各部所の痛みなどが認められ、自殺に至るまでの間は悪化する傾向がありました。

　また、Aは死亡1か月前に同僚に、「死んだら楽になるのか」などと表明しており、結果的には遺書も残さずに突然、自殺しています。

　これらの事実はWHO（世界保健機関）の診断ガイドライン（ICD-10）に照らし合わせてみても、うつ病の症状として複数の該

当症状があると認めることができました。

②うつ病の業務起因性

　Aが勤務していた工場では、プレス部門の従業員は残業が恒常化しており、Aはプレス部門の実質的責任者として、上長から指示された生産計画を実現するために、深夜まで勤務することが多く、休日出勤も少なくありませんでした。

　またAは、納期管理・トラブル対応・新人指導などさまざまな業務をこなしていたうえ、グループリーダー試験に合格したことで他部門の管理も任されるなど、責任が加重されました。さらに死亡直前は、試作品作成のため連日深夜まで残業を繰り返していました。

　これらのことから考えると、Aの担当業務は、うつ病の誘因となったと考えられるほどに、肉体的のみならず特に精神的に過重な負荷となるものでした。

　一方でAには、うつ病の発症の原因になるような性格的要因や身体的要因はなく、親族にも精神的な病気を有する者はなく、家庭生活も特に問題はなく、過重な業務以外には、うつ病発症の原因となるものは考えられませんでした。

　そのため裁判所は、「亡被災者の従事した業務には、医学経験則上、反応性うつ病を発症させる一定程度以上の危険性が存し、この業務に内在ないし通常随伴する危険性が現実化して発症したということができ、両者の間に相当因果関係が存在するものと認めることができる」と、うつ病の業務起因性を認めました。

③自殺の業務起因性

　Aは、自殺からさほど乖離していない時期にうつ病を発症し、自殺の直前も、自殺を示唆するような言動を示さず、パジャマ姿で遺書等も残さず自殺に及んでいることからみて、この自殺は「発作的な自殺」とみることができます。

　そのためこの自殺は、うつ病の通常の因果経過として発生したものと解することができ、業務に内在し、通常伴う危険が現実化したものとして、業務と自殺との間に相当な因果関係があるといえます。

3-18 業務上の疾病③
パワハラによる自殺は労災か？

ケース

　従業員Aは、電力会社の主任として所掌範囲の職務や部下2名の仕事の統括、予算・計画の編成、指針や要領の改訂の検討業務など、責任の重い職務を任されていた。

　Aの上司は、Aを幾度も呼び出し、他の職員にも聞こえるような場で厳しく指導を行ない、場合によっては「主任失格だ」「お前なんか、いてもいなくても同じだ」といった発言をしていた。また、職場で結婚指輪をはめていることが集中力低下を招いているとして、Aのみに対し面談の際に、「目障りだから、そんなちゃらちゃらした物は着けるな、指輪は外せ」といった発言をした。

　Aは死亡する2か月前ころから、習慣にしていた手帳記入を行なわなくなり、不安、焦燥感、不眠、早朝覚醒、発汗、動悸などがみられるようになった。風邪気味で熱があるといって会社を休んだ日、自家用車の車内で焼身自殺。遺書は見つからなかった。

　さて、このケースは労災と認められるのでしょうか？

ジャッジ

労災として認められる（平19.10.31／名古屋高裁判決）

ポイント

　まず、業務上の心理的負荷があったかどうかです。

　業務による精神障害の判断指針では、「昇格」が心理的負荷を与えるライフイベントとしてあげられていますが、一定の心理的負荷があるとしても、自己の業務遂行能力に対する積極的な評価の結果であるため、一般的には、心理的負荷の程度はそれほど大きいもの

とはいえません。

　しかし、Aは主任昇格に対して不安を感じており、また、主任昇格と同時に部署が変わったことで、自分の仕事に手一杯になり、部下の指導などが十分にできないことを気にしていました。

　また、上司から「主任にふさわしい能力がない」という反省文を書かされたり、「主任失格だ」という叱責を受けていたことを考えると、通常の「昇格」よりAに与えた心理的負荷は強いものだったと考えるのが相当です。

　次に、上司との関係がポイントになります。

　上司はAに対して「主任失格」「おまえなんか、いてもいなくても同じだ」などと感情的に叱責し、かつ、結婚指輪を身に着けることが仕事に対する集中力低下の原因になるという独自の見解にもとづいて、Aに対してのみ複数回にわたって、結婚指輪を外すよう命じていました。

　これらは、何ら合理的理由のない、単なる厳しい指導の範疇を超えた、いわゆる「**パワーハラスメント**」（パワハラ）と評価されるものであり、一般的に相当程度、心理的負荷の強い出来事と評価すべきです。

　判断基準でも、心理的負荷の強い出来事として、「上司とのトラブルがあった」をあげています。叱責や指輪を外すよう命じられたことが、主任昇格後からAが死亡する直前まで継続して行なわれているものと認められることからすると、うつ病発症前、死亡直前にAに対し、大きな心理的負荷を与えたものと認められます。

アドバイス

　行政はこの判決を踏まえ、平成20年２月６日付けで、通達（基労補発0206001号）を発出しています。この通達は、平成11年９月14日に発出された通達「心理的負荷による精神障害等に係る業務上外の判断指針」（基発第544号）が、職場のいじめ（いわゆるハラスメント）に関わるストレス要因について、「必ずしも統一的な取扱いができていなかった」ため発出されました。

業務上の疾病④
「適応障害」は労災か？

📖 ケース

デジタル通信関連会社の設計技師として勤務していた従業員Ａは、入社３年目にプロジェクトリーダーに昇格し、新たな分野の商品開発に従事することとなった。

しかし、同社にとって初めての技術が多く、設計は難航し、Ａの帰宅は翌日の午前２時頃に及ぶこともあった。以後、会社から特段の支援もないまま、１か月当たりの時間外労働時間数は90〜120時間で推移した。

新プロジェクトに従事してから約４か月後、抑うつ気分、食欲低下といった症状が生じ、心療内科を受診したところ、「適応障害」と診断された。

さて、このケースは労災と認められるのでしょうか？

ジャッジ

労災として認められる

（厚生労働省リーフレット「精神障害の労災認定」より）

ポイント

厚生労働省の「業務による心理的負荷表」にあてはめて検証すると、以下により、このケースは労災であると認められます。

①新たな分野の商品開発のプロジェクトリーダーとなったことは、業務による心理的負荷表の「**新規業務の担当になった、会社の建て直しの担当になった**」に該当するものの、失敗した場合に大幅な業績悪化につながるものではなかったことから、心理的負荷の「中」の具体例である「新規事業等の担当になった」に合致する。そして、プロジェクトリーダーとなった後に恒常的な長時間労働が認められることから、総合評価は「強」と判断される。

②発病直前に妻が交通事故で軽傷を負う出来事があったが、その他に業務以外の心理的負荷、個体側要因はいずれも顕著なものはなかった。

パワハラによる「うつ病」は労災か？

ケース

　従業員Ａは、総合衣料販売店に営業職として勤務していたところ、異動して係長に昇格し、主に新規顧客の開拓などに従事することとなった。新しい部署の上司は、Ａに対して連日のように叱責を繰り返し、その際、「辞めてしまえ」「死ね」といった暴言や書類を投げつけるなどの行為を伴うことも度々あった。

　係長に昇格してから３か月後、Ａは抑うつ気分、睡眠障害などの症状が生じ、精神科で受診したところ「うつ病」と診断された。さて、このケースは労災になるのでしょうか？

ジャッジ

労災として認められる

（厚生労働省リーフレット「精神障害の労災認定」より）

ポイント

　厚労省の「業務による心理的負荷表」にあてはめてみましょう。

①上司のＡに対する言動には、人格や人間性を否定するようなものが含まれており、それが執拗に行なわれている状況も認められることから、業務による心理的負荷表の具体的出来事の「（ひどい）嫌がらせ、いじめ、または暴行を受けた」の心理的負荷「強」の具体例である「部下に対する上司の言動が、業務範囲を逸脱しており、そのなかに人格や人間性を否定するような言動が含まれ、かつ、これが執拗に行なわれた」に合致し、総合評価は「強」と判断される。

②業務以外の心理的負荷、個体側要因は、いずれも顕著なものはなかった。

　上記①、②により、このケースは、労災として認定されました。

3-21

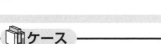

業務上の疾病⑥
過重労働による死亡は労災か？

> **📖ケース**
>
> 　大型バスの運転手であった従業員Aの業務は、精神的緊張や長時間の拘束をともなうワンマンバスの定期バスや貸切バス運行だった。
>
> 　Aは、ある日、運転中のバス内で倒れ、翌日「バルサルバ洞動脈瘤破裂」により死亡した。
>
> 　さて、このケースは労災と認められるのでしょうか？

ジャッジ

労災として認められない（平9.3.17／仙台高裁判決）

（ただし、一審では労災として認められた）

ポイント

　Aは発症当時、パワーステアリング機能のないバスを運行していたこと、地理的に不安がある場所への長距離運転だったこと、また、運行途中に交通事故による交通渋滞に遭遇し、交通事故の現場を見ているなどの事情があり、これらのことが精神的・肉体的負担の一因となったことは否定できません。

　しかし、Aは入社当時から発症当日まで、長期間にわたり発症当日に運転していたバスと同じ性能のバスを運転していた経験があり、また、当日運行した場所はまったく土地勘のない場所ではなかったこと、目撃した交通事故では死者を見たわけではないことなどを考慮すると、発症当日の業務に、バス運転業務に従事する運転者が通常負担する肉体的・精神的負担を超えるような強度の負担があったとは認められません。

　また、発症前日・発症前1週間・発症前1か月のAの労働時間を検討すると、他の運転手の労働時間と比べて、ほぼ差異がないか、

やや少ないくらいであり、日常業務と比べても特別過重な業務に従事していたという事実は確認できませんでした。

　しかも、Aのバルサルバ洞動脈瘤は、その成因が先天性のものと認められ、かつ、もともとAは高血圧の持病で投薬治療を受けていました。高血圧を増悪させる因子として、過度の精神的緊張、ストレスの持続があげられることを考慮しても、Aの業務量や状況に照らして、業務によるストレスが持病を悪化させたとは認めがたく、自然的増悪が限界に達して発症したと考えられます。

　以上のことから、発症と業務の間には相当な因果関係はないと判断され、労災の認定はおりませんでした。

3-22 業務上の疾病⑦
医療従事者が感染症に罹患したら？

📖ケース

　従業員Ａは看護師として病院に勤務し、感染症の罹患が疑われる患者への問診、採血等の業務に従事していた。

　Ａ自身に高熱が出たため検査を受けたところ、感染症に罹患していることがわかり、２週間休業することとなった。Ａの同居人に罹患者はおらず、業務外で飲食をともにした人にも罹患者はいないことが確認された。

　このような場合、Ａの休業は労災になるのでしょうか？

ジャッジ

労災として認められる（「新型コロナウイルス感染症の労災補償における取扱いについて」／基補発0428第１号より）

ポイント

　感染症についても通常の労災と同様に、業務に起因して発生したものであるかを個別に判断します。

　しかし、ウイルス性の病気の感染経路を特定することは困難であるため、罹患者の業務内容や業務外での行動等から、業務に起因して発生したものであるか否かを類推することとなります。

　厚生労働省の通達によれば、患者の診療もしくは看護の業務、介護の業務等に従事する医師、看護師、介護従事者等が、新型コロナウイルスに感染した場合には、**業務外で感染したことが明らかである場合を除き、原則として労災保険給付の対象とする**こととされています。

　「業務外で感染したことが明らか」とは、同居人が罹患している、私的な目的で罹患者と接触した、などの場合が想定されます。

　このケースでは、Ａの実際の感染経路は定かではありませんが、

業務外で接した人には罹患者がいないことから、「業務外で感染したことが明らか」とはいえません。むしろ、日々の業務で多くの罹患者と接していることから、業務に起因して感染した蓋然性が高いといえるでしょう。

　なお、医療従事者以外であっても、以下のケースでは労働災害として認められる場合があります。

● 同じ部署内で複数の感染者が確認された場合
● 接客業など、顧客との近接や接触の機会が多い場合

リモートワークでの労災の取扱いは？

　リモートワークの場合、労働者は物理的に事業主の管理下にはありませんが、労働契約にもとづいて事業主の指揮命令下にあることには変わりありません。そのため、就業中であれば、原則として「業務遂行性」が認められます。

　ただしリモートワークでは、業務とプライベートの線引きが曖昧になりやすいため注意が必要です。

　たとえば、所定時間内の事故であっても、業務を一時中断して洗濯物を取り込んでいるときに転倒してケガをした場合は、労災として認められません。

　労災認定をめぐるトラブルを防止するためには、就業時間の記録をつけさせる、私用による業務の中断を制限するなど、業務とそれ以外を明確に区分するためのルールを決めておくとよいでしょう。

おわりに

　最近、上場企業を中心に「人的資本経営」が声高に語られており、ＥＳＧ（Environment：環境、Social：社会、Governance：企業統治）を重視する流れから、投資家に訴求するための人的資本の情報を定量的に開示することが求められています。

　つまり、その会社が中長期的な視点で持続的に成長していく企業なのかどうかを図る指標として、売上高や営業利益などの財務情報だけでなく、財務諸表からは読み取れないその企業のノウハウ、知的財産などの非財務情報が注目されているのです。

　その非財務情報の一つとして人的資本情報があげられ、代表的なフレームワークとしてISO30414（人的資本に関する情報開示のガイドライン）が発表されています。

　このなかで人材マネジメントの11領域について、データを用いてレポーティングするための58のメトリック（測定基準）が示されています。

　このISO30414のうち、「健康・安全・幸福」という領域のなかで、重要な指標として労災に関する事項も示されており、企業価値を図るモノサシとして次のようなメトリックが掲げられています。

①労災により失われた時間（業務に起因して発生したケガや病気により失われた労働時間のこと。労働環境の良し悪しを測る指標）
②労災の件数（業務に起因して発生したケガや病気の件数のこと。労働環境の良し悪しを測る指標）
③労災による死亡者数（業務に起因して発生した死亡者数のこと。労働環境の良し悪しを測る指標）
④健康・安全に関する研修の受講割合（健康・安全に関する研修を受講した従業員の割合のこと。健康・安全に関する知識の習得度合いを測る指標）

すなわち、投資家に対して、どの程度の労働災害を生じさせ、それによってどれくらいの労働時間の喪失を招いたかを示すとともに、それを防止するためにどれだけの研修を行なったかを定量的に開示することが、当該企業への投資判断の指標となっているわけです。

　このように、近時大きな潮流となっている人的資本経営においても、企業における労働災害の発生状況がメトリックとされていることからわかるように、労働災害防止への取り組みや発生後の迅速な対応が企業経営上の重要な論点となっています。
　本書はその解決を図るための一助となる一冊です。常に傍らに置いてイザというときに手に取れるようにしていただくことで、迷うことなく迅速な労災対応が可能となりますので、ぜひお役立てください。

　最後に、育児に奮闘しながら本書を書き上げた、弊法人の社会保険労務士 太田麻衣さんに敬意を表します。労働災害をなくしたいという麻衣さんの想いは、きっと読者の皆さんに伝わることでしょう。

2024年3月

HRプラス社会保険労務士法人
代表社員　特定社会保険労務士
佐藤　広一

太田麻衣（おおた　まい）

1993年、静岡県出身。東京大学教育学部卒業。2019年、社会保険労務士試験合格。一般企業の人事部を経て、HRプラス社会保険労務士法人に入職。現在、社会保険事務、給与計算業務に従事しつつ、人事労務相談では労働者災害補償保険法に関するアドバイスを強みとしている。また、IPO、M&Aシーンでの労務デューデリジェンスなどのコンサルティング業務を担当するほか、「労務事情」など雑誌への寄稿や、所内外のセミナーに登壇している。著書に『図解でわかる 労働法の基本としくみ』（共著）、『図解でわかる給与計算と社会保険事務 最強ガイド』（いずれもアニモ出版）がある。

【HRプラス社会保険労務士法人】

東京都渋谷区恵比寿を拠点に、「HR（人事部）に安心、情報、ソリューションをプラスする」というコンセプトのもと、全国のクライアントに対し、人事労務に関するコンサルティングを行なっている。代表社員は、本書を監修している特定社会保険労務士・佐藤広一。
ＵＲＬ　https://ssl.officesato.jp/

労災保険の実務と手続き 最強ガイド
【改訂3版】

2015年 6 月10日　　初版発行
2019年10月10日　　改訂 2 版発行
2024年 4 月15日　　改訂 3 版発行

著　者　太田麻衣

発行者　吉溪慎太郎

発行所　株式会社アニモ出版
　　　　〒162-0832 東京都新宿区岩戸町 12 レベッカビル
　　　　TEL 03(5206)8505　FAX 03(6265)0130
　　　　http://www.animo-pub.co.jp/

すぐに役立つ アニモ出版 実務書・実用書

図解でわかる給与計算と 社会保険事務 最強ガイド

大田 麻衣 著　定価 1760円

毎月の給与支給、保険料徴収事務から、年末調整、保険給付手続きまで、すぐに役立つ親切ハンドブック。ミスやモレが解消できて、定例的事務がスムーズにこなせるようになる本。

図解でわかる 労働法の基本としくみ

佐藤 広一・太田 麻衣 著　定価 1980円

労務トラブルを未然に防ぐためにも、雇用する人も雇用される人も知っておかなければならない労働法について、1項目＝2ページで、図解を交えてやさしく解説した入門実用書。

図解でわかる労働者派遣 いちばん最初に読む本

【改訂2版】佐藤 広一・星野 陽子 著　定価 1980円

派遣業務をめぐる基礎知識から許可申請・運用フローまで、派遣元・派遣先の実務がやさしくわかる本。同一労働・同一賃金および改正・労働者派遣法にも完全対応した最新内容！

管理職になるとき これだけは知っておきたい労務管理

【改訂2版】佐藤 広一 著　定価 1980円

労働法のルールや労働時間管理、ハラスメント対策から、日常よく発生する困ったケースの解決法まで、図解でやさしく理解できる本。管理職やマネジャー研修のテキストにも最適。

定価変更の場合はご了承ください。